독서는 충실한 인간을 만들고, 회의는 의지가 굳센 인간을 만들며,
쓰기는 정확한 인간을 만든다.
– 베이컨

배운 것을 기록해 놓지 않으면 지식은 있을 수 없다.

– 단테

쓰면 느려지고, 느리면 분명해진다. 손으로 쓰면서 우린 그렇게 알게 된다.
내가 누군지, 무엇을 원하는지.
— 베른하르트 뢰스너

당신 자신을 책의 일부로 하는 가장 좋은 방법은
책 속에 글을 적어 넣음으로써 이루어진다.
－모티머 애들러

초등 독서노트의 힘

초등 독서 노트의 힘

펴낸날 2020년 10월 30일 1판 1쇄

지은이_이은정
펴낸이_김영선
책임교정_이교숙
교정·교열_남은영, 양다은
디자인_정혜욱
경영지원_최은정
마케팅_신용천

펴낸곳 (주)다빈치하우스-미디어숲
주소 경기도 고양시 일산서구 고양대로632번길 60, 207호
전화 (02) 323-7234
팩스 (02) 323-0253
홈페이지 www.mfbook.co.kr
이메일 dhhard@naver.com (원고투고)
출판등록번호 제 2-2767호

값 15,800원
ISBN 979-11-5874-089-4

이 도서의 국립중앙도서관 출판예정도서목록(CIP)은 서지정보유통지원시스템 홈페이지(http://seoji.nl.go.kr)와 국가자료공동목록시스템(http://www.nl.go.kr/kolisnet)에서 이용하실 수 있습니다.(CIP제어번호: CIP2020038753)

책 읽고 난 후
쓰기 습관 들이기

초등 독서노트의 힘

이은정 지음

미디어숲

추천사

책을 읽으면 여러 가지 생각들이 머릿속에 뭉게뭉게 피어오른다. 그것을 하나씩 손으로 잡을 때 생각이 선명해지면서 진짜 내 것이 되어 삶 속에 들어온다. 생각을 손으로 잡는 과정이 기록이다. 기록은 독서의 마침표다. 그럼에도 귀찮아서, 혹은 방법을 몰라서 기록하지 않는 아이들이 많다.

이 책은 독서 노트 쓰기에 대한 자세한 가이드라인을 제시해 주고 있다. 독서 후에 어떻게 정리해야 할지에 대한 물음표를 가진 아이들, 학부모, 교사들에게 시원한 느낌표를 줄 것이다.

김민아, 『공부가 쉬워지는 초등독서법』 저자

"독서를 읽는 행위로만 생각하는 사람들이 많습니다. 물론 읽기만으로도 효과가 있긴 하지만 여기에 더 나아가 기록을 해야 한 단계 더 나아갈 수 있습니다!" 저자의 이 말이 깊이 있게 다가옵니다. "책을 읽기만 하면 내 것이 되지 않아요. 독서 노트를 써야 제대로 읽은 거랍니다."

독서 노트는 일상적인 기록 속에서 새로운 생각을 하게 하는 매개체가 될 수 있습니다. 이 책을 통해 아이들이 스스로 재미를 느끼며 독서하고, 독서 노트를 작성하면서 책과 노니는 모습이 그려집니다. 과학적인 이론부터 실천적인 것까지 아이들이 따라 하기 쉬운 독서 노트작성법과 더 나아가 책을 읽고 싶게끔 다양한 책 목록까지 가득 담겨 있습니다.

이 책을 통해 '자기와의 대화'를 하는 아이들의 모습, 더 나아가 우리들의 모습을 꿈꿔 봅니다.

김진수, 『평범한 일상은 어떻게 글이 되는가』 저자

하루에도 수십 권씩 책을 읽는 아이들, 하지만 이야기를 나누어 보면 책을 제대로 읽고 이해하는 아이들은 그다지 많지 않아요. 한 권의 책을 읽더라도 생각하고 곱씹어보는 과정이 필요하지요. 그런 의미에서 독서 노트는 책을 읽고 난 뒤의 '독후 활동'이 아닌 독서의 과정이라 생각해요. 책을 읽으며 순간순간 느끼는 감정과 떠오르는 생각들을 기록하며 읽다 보면 책을 읽을 때의 감동은 배가 되고, 사고의 폭이 넓어져 독서를 통해 아이들의 성장을 느낄 수 있답니다.

『초등 독서 노트의 힘』은 '독서록을 왜 써야 할까?', '어떻게 써야 하지?' 라는 고민을 하는 학부모님, 선생님들께 실질적인 지침서가 되리라 생각해요. 아이들과 함께 매일 독서하며 제시된 독서 노트 양식을 활용해 이야기 나누기를 추천합니다.

안인경, 독서논술 <책읽어주는 엄샘>

"책을 읽고 생각을 정리한다는 것이 부담이 아닌 즐겁고 뿌듯한 일이 될 수 있다면 얼마나 좋을까?" 그런 생각들을 많이 해왔던 터라 이 책을 읽으면서 많은 공감과 함께 가슴이 벅차오름을 느꼈습니다.

『초등 독서 노트의 힘』은 독서 기록의 중요성과 함께, 전문가의 의견과 다양한 자료를 근거로 구체적이고 쉬운 독서 노트 작성법을 제시하고 있어 더욱 신빙성 있게 다가옵니다. 특히 시중의 많은 책들처럼 단순 추천도서 목록이 수록되어 있는 것이 아닌, 자세한 책 소개와 더불어 활용 팁, 페이지 수별 추천, 교과와 연계된 설명은 다른 책과 차별화될 뿐만 아니라 바로 적용할 수 있는 실질적인 도움이 되는 내용들입니다. 독서지도에 막막한 분들이라도 현직 선생님의 연구와 노력이 고스란히 담긴 이 책을 읽고 천천히 적용해 나가시기 바랍니다. 책을 읽고 기록하는 것이 더 이상 의무와 스트레스가 아닌 아이들로 하여금 생각을 적고 표현하고 싶은 마음이 용솟음치게 도와줄 수 있을 것이라고 믿어 의심치 않습니다.

이영옥, <독서지도사>

독서는 단순히 읽는 행위가 아닌 우리의 세계와 사고를 넓힐 수 있는 좋은 도구입니다. 이 책에는 다양한 독서 노트 작성법을 통해 자신에게 맞는 방법을 찾도록 도와줍니다. 어린 시절 이와 같은 다양한 방법으로 내게 맞는 기록법을 찾았더라면 나의 세계가 얼마나 확장되었을지 생각해 보았습니다.

책은 사람을 변화시키는 큰 힘이 있습니다. 책 속의 좋은 글귀 그리고 하나의 명문장은 나를 성장시킵니다. 초등 독서 노트를 통해 많은 학생이 자신의 꿈을 펼칠 세계를 넓히길 바랍니다.

정두산, <두두디북스> 대표

독서 노트는
선택 아닌 필수

책 읽는 즐거움을 오래 간직하는 방법은 읽은 후 느낀 감상이나 생각을 기록하는 것입니다. 분명 얼마 전에 읽었는데 도대체 책 제목 말고는 아무것도 떠오르지 않아 당황스러웠던 적이 누구나 있을 겁니다. 그래서 독서 노트가 필요해요.

'독서 노트' 하면 무엇이 가장 먼저 떠오르세요? 저는 일단 '쓰면 좋은 것', 하지만 '쓰기도 쉽지 않고, 쓰게 하기도 쉽지 않은 것'이라는 생각이 듭니다. 쓰면 좋다는 것은 알지만 왜 이렇게 독서노트를 쓰는 것이 어려울까요?

초등학교 교사로서 아이들에게 책을 읽고 나면 독후감이나 독서록을 지도하는데, 생각보다 쉽지 않습니다. 여러 독후 활동을 통해 독서를 장려하고 아이들의 독서력을 높이려고 하지만 어려운 점과 아쉬운 점이 많습니다.

☑ 아이들의 독서 기록 자료들이 일회성으로 끝나 버려 다음 독서와 연계되지 않는다.

☑ "선생님, 뭘 어떻게 써야 할지 모르겠어요."라는 질문을 계속 받는다.

☑ 상대적으로 얼마나 많은 책을 읽었는지에 초점을 둔 독서 행사나 활동이 많다.

☑ 독서 노트를 왜 써야 하는지 스스로 생각해 보지 않아 자발적 동기가 부족하다.

☑ 초등학생을 넘어 중고등학생, 성인이 될 때까지 독서 노트 활용법에 대한 안내가 필요하다.

이러한 아쉬운 점을 해결할 수 있는 방법을 찾기 위해 틈날 때마다 독서, 독후감, 독서 노트, 독서 기록 등의 키워드를 중심으로 책을 찾아 읽었습니다. 독서 노트를 잘 쓰는 사람들은 무엇이 다른지, 독서 노트를 어떻게 활용하는지 자세히 살펴보았습니다.

통통 튀는 아이디어를 갖춘 유튜버, 새로운 창업 아이템을 생각해 낸 기업가, 이야기 소재가 무궁무진한 강사 등 독특하고 참신한 콘텐츠를 가지고 다방면에서 영향력을 발휘하는 사람들은 누구나 독서 후 자기만의 방식으로 기록을 했습니다. 요즘 사람뿐만이 아닙니다. 동서고금을 막론하고 뛰어난 업적을 남긴 사람들 또한 독서 후에 꼭 기록을 남긴 것으로 유명합니다. 링컨, 마오쩌둥, 뉴턴, 레오나르도 다빈치, 정약용, 박지원 등 셀 수 없이 많습니다. 그들은 틈틈이 작성한 독서 노트에서 새로운 창업 아이템을 찾고, 강의 자료로 쓰고, 글쓰기의 글감으로 활용합니다.

그들은 어떻게 독서 노트를 꾸준히 쓸 수 있었을까?

꾸준히 책을 읽고 기록을 남기는 사람들은 어떤 이유로 그럴 수 있었는지 궁금증이 생겼습니다. 그래서 독서 노트를 자유자재로 활용하는 사람들의 노트 활용방식을 자세히 살펴보았습니다. 그 과정에서 중요한 사실 하나를 발견했습니다. 그들이 사용하는 독서 노트 쓰기 방식은 지금 초등학생들이 하는 독후 활동과는 차이가 크다는 사실입니다. 이 차이점이야말로 그간 아이들에게 독서 지도를 하며 느꼈던 아쉬움을 해결해 줄 수 있을 것 같다는 생각이 들었습니다.

'초등학생 때부터 그들의 방식으로 독서 노트를 꾸준히 쓰면 얼마나 좋을까?'

갑자기 이런 생각이 떠오르자 괜스레 마음이 들떴습니다. 아이들과 독서 노트를 꾸준히 함께 써 보고 싶었습니다. 이를 위해 교과서부터 시작해, 옛 선조들, 위인들, 리더들 그리고 독서법 책에서 강조하는 독서 노트 쓰기 방법들의 공통점과 키워드를 모아서 정리했습니다. 그리고 이를 초등학생 수준으로 다시 구성했습니다.

다음은 제가 독서 노트를 정리하면서 가장 크게 고민했던 부분들입니다.

✖ 아이들이 독서 노트를 부담 없이 쓰게 하는 방법은 없을까?

✖ 독서량보다 독서의 질을 강조하는 독서 노트는 없을까?

✖ 초등학생 때 시작한 독서 노트 쓰기를 꾸준히 지속할 수는 없을까?

✖ 손으로 기록한 독서 노트를 영구적으로 보관하는 방법은 없을까?

✖ 아이들이 책 읽기와 독서 노트 쓰기를 좋아할 수는 없을까?

이 책에는 이러한 고민의 결과가 담겨 있습니다. 1장에서는 독서 노트 쓰기가 중요한 이유를 실었습니다. 2장에서는 독서 노트 쓰기를 지도할 때 아이들에게 쉽게 들려주고 활용할 수 있는 동기유발 자료를 소개했습니다. 3장에서는 제가 구성한 독서 노트만의 장점을 담았습니다. 4장에서는 독서 노트를 활용하는 자세한 방법과 독서 노트 양식을 안내하였습니다. 5장에서는 아이들이 책에 흥미를 느끼도록 다양한 추천도서와 함께 배경 지식 및 독서 노트 작성 팁을 실었습니다.

오래 기억에 남는 독서, 효과적인 독서, 생각하는 능력을 키우는 독서에는 모두 '독서 노트'가 있습니다. 이 책은 독서 노트 쓰기 방법을 고민하는 선생님과 학부모님들에게 많은 도움이 되리라 생각합니다.

일단 독서 노트를 쓰기 시작하면 아이는 누적 독서량에 더하여 기록으로 인한 시너지 효과가 나타날 것입니다. 일주일에 한 권, 아니 한 달에 한 권으로 부담 없이 시작해 보세요. 1년이면 12권, 대학교 갈 무렵에는 대략 100권의 책이 담긴 독서 노트가 아이의 걸어갈 인생을 환히 밝히고 있을 것입니다!

저자 이은정

1장 독서 노트를 쓰면 달라지는 것들

2장 스스로, 재미를 느끼며
독서 노트를 쓰게 할 수는 없을까?

5장 아이들에게 인기 만점, 선생님이 추천하는 책

책 읽기가 '저자와의 대화'라고 한다면 독서 노트는 '자기와의 대화'입니다.
이처럼 독서 노트는 자기 성찰의 기회를 줄 뿐만 아니라 자기 성장과 발전의 동력이 됩니다.

1장

독서노트를 쓰면
달라지는 것들

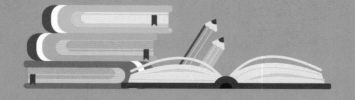

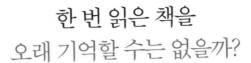

한 번 읽은 책을
오래 기억할 수는 없을까?

동네 서점만 가도 책이 참 많습니다. 다양한 종류의 책이 서가와 평대를 차지하며 사람들의 눈길을 사로잡습니다. 궁금증을 일으키는 제목, 예쁜 책 표지 등 표지 구경만 해도 시간 가는 줄 모릅니다. 이렇게 많은 책 중 마음에 드는 책 하나를 골라 펼쳤을 때를 생각해 보세요.

'어떻게 이렇게 좋은 문장을 쓸 수가 있지?'
'내 생각을 여기다가 써놨네. 완전 공감!'
'이 문장은 내가 나중에 어디 쓸 데가 있을 것 같은데.'

이와 비슷한 생각을 해본 적이 누구나 있을 겁니다. 또한 평소 내 생각에 또 다른 생각이 만나 새로운 깨달음을 얻을 때도 있습니다. 가끔은 소름이 돋거나 가슴이 뭉클해질 때도 있습니다. 작가의 평화로운 풍경 묘사에 취해 나도 모르게 입가에 잔잔히 미소를 지을 때도 있습니다. 글을 쓴 작가나 위인의 대단함을 느낄 때면 작은 감탄의 한숨이 나오기도 합니다.

책을 통해 배우고, 많은 것을 느낍니다.

그런데 안타까운 점이 있습니다. 바로 책을 읽고 며칠만 지나면 내용이 잘 기억나지 않는다는 것입니다. 한 달 정도 시간이 지나면 책 제목만 간신히 떠오릅니다. 며칠만 지나도 이런데 어렸을 때 읽었던 책은 어떤가요? 초등학생 때 감명 깊게 읽었던 책 중 몇 권이나 기억나시나요? 사실 저도 거의 기억이 나지 않습니다.

예전에 이런 일이 있었습니다. 흔히 고전이라고 불리는 유명한 책들은 지금과 마찬가지로 제가 어릴 때에도 필독 도서였습니다. 예를 들면 『수레바퀴 아래서』, 『톨스토이 명작』, 『나의 라임 오렌지 나무』, 『어린왕자』 등입니다. 저는 책을 좋아하기는 했지만 그렇다고 많이 읽는 편은 아니었습니다. 책 제목과 작가, 표지 정도만 눈여겨보는 정도였습니다. 하지만 초등학교 선생님이 되다 보니 이러한 책들을 읽을 필요가 생겼습니다. 그래서 학교 도서관에 꽂혀 있던 『나의 라임오렌지나무』를 빌려서 읽었습니다. 책을 읽어 나가기 시작해서 스토리가 중반 이상을 가다 보니 갑자기 뒷내용이 기억이 났습니다. 아마도 언젠가 읽었던 책이라서 그런 것이겠지요. 그런데 아무리 떠올려 봐도 이 책을 언제 읽었는지 도통 기억이 나지 않았습니다.

이렇게 우리를 스쳐간 책들이 얼마나 많을까요? 그 당시의 감성을 적셔준 책들을 '읽었다는 것조차' 기억 속에서 모두 사라졌다고 생각하니 아쉬운 마음이 들었습니다. 하지만 기록해 둔 책은 어떨까요? 책을 읽다 보면 너무 좋아서 누가 시키지 않아도 어딘가 글을 남겨놓고 싶은 그런 책이 있습니다. 대학생이 되어서부터는 책을 읽다가 좋았던 문장을 몇 개만이라도 기록해 두었습니다. 한창 사랑에 관심 많던 20대 후반에는 김혜남의 『나는 정말 너를 사랑하는 걸까』라는 책을 읽고 몇 줄 적어 놓았습니다. 몇 년이 지나고 다시 볼 때마다 그때의 기분이 새록새록 떠오릅니다. 이렇게 기록을 해 두면 몇 년 전일지라도 그 당시의 기억과 감정들이 줄줄이 딸려옵니다.

대학시절 교육심리학 시간에 독일 심리학자 에빙하우스의 망각곡선에 대해 배운 적이 있습니다. 그에 따르면 학습을 한 후에 절반은 1시간이 지나면 잊어버리고 하루만 지나면 70프로를 잊어버린다고 합니다. 열심히 책을 읽고 하루가 지나면 '무슨 내용이었지?' 하고 생각이 잘 나지 않는 것이 당연한 일이라는 겁니다.

사실 저도 책의 내용을 자꾸 잊어버려서 '나는 왜 이렇게 뒤돌아서면 책 내용이 기억나지 않는 걸까?'라는 생각을 자주 했습니다. 자신이 한심하기도 하고 그랬는데 저만 그런 게 아니라고 하니 다행스러운 마음입니다.

아인슈타인도 기록은 '잊기 위해서' 하는 것이라고 하였습니다. 인간은 망각의 동물이니만큼 기록해야 합니다. 이렇게 책을 읽을 때 기록을 하고, 나중에 다시 읽어 보며 그 느낌을 상기시키면 책의 감동을 훨씬 더 오래 느낄 수 있습니다. 무엇보다 기록이 가진 가장 큰 장점은 망각의 시간을 지연시킨다는 것입니다. 읽었던 내용을 기록하면서 다시 읽기 때문에 기억이 오래갑니다.

기록은 실제로 덮어 놓고 한동안 다시 보지 않는다 하더라도 언젠가 내가 읽고 싶을 때 다시 꺼내 볼 수 있습니다. 그렇기에 학창 시절 어느 때보다 가장 많은 책을 접하는 초등학생 때부터 꾸준하게 기록하는 것이 중요합니다. 책을 읽은 후 기록해 두면 단순히 읽기만 하는 것보다 훨씬 유익합니다.

빨리, 많이 읽기보다 슬로리딩!

지식을 섭렵해도 자신의 것이 될 수 없다면 그 가치는 불분명해지고,
양적으로는 조금 부족해 보여도 자신의 주관적인 이성을 통해 여러 번
고찰한 결과라면 매우 소중한 자산이 될 수 있다.

독일의 철학자 쇼펜하우어의 말입니다. 다독도 중요하지만, 책을 깊이
있게 읽는 것이 중요합니다. 오히려 한 권을 읽더라도 행간의 의미를 꼼꼼
하게 파악하며 책을 읽는 '정독'은 초등학생들이 꼭 해야 할 독서 방식입
니다. 한 책을 깊이 있게 읽는 활동을 '슬로리딩'이라고도 부릅니다.

슬로리딩 수업은 일본의 나다 중학교 교사였던 하시모토 다케시가 『은
수저』라는 책 한 권으로 3년 동안 국어 수업을 진행한 데서 처음 시작되
었습니다. 우리나라에서도 2015년 용인 성서초등학교에서 박완서의 『그
많던 싱아는 누가 다 먹었을까?』로 교육과정 재구성을 통해 한 학기 동안
수업을 진행했습니다. 이 수업 내용은 EBS 다큐프라임으로 방영돼 큰 반
향을 일으켰습니다.

또한 2015 개정 교육과정에서는 '한 학기 한 권 읽기'가 도입되었습니
다. '한 학기 한 권 읽기'는 국어 수업 시간에 글의 일부가 아닌 책 한 권을
온전히 읽고 친구들과 자유롭게 생각을 나누며 배우고 정리된 생각을 쓰고
발표하는 수업입니다. 이는 초등학교 3학년부터 고등학생까지 약 10년간
계속됩니다. 수박 겉핥기식의 양적 독서보다는 한 작품이라도 그 의미를
파악하고 주제를 찾아 책을 깊게 읽는 것의 중요성이 주목받고 있습니다.

사실 학교에서는 독서 통장, 독서 나무 만들기, 독서 스티커 붙이기와

같은 독서 행사를 많이 하는데 아무래도 가시적인 확인이 필요하다 보니 독서 권수에 얽매일 수밖에 없습니다. 그로 인해 아이들은 짧고 단순한 책을 찾기 일쑤고, 독서 통장 한 줄을 채우기 위해 얼른 읽고 다른 책으로 넘어가고 싶어 합니다.

또한 독서 골든벨 같은 행사는 아이들에게 책 읽기에 흥미를 유발하는 장점이 있지만, 출제 문제가 깊이 있는 질문이라기보다 가벼운 내용일 때가 많습니다. 하나의 정확한 정답을 요구하는 독서 골든벨의 특성상 어쩔 수 없는 한계이지요. 깊은 사고를 유발해 다양한 답을 유도하는 문제를 내기가 어렵습니다. 이를 보완할 필요가 있습니다. 행사는 행사대로 즐겁게 하되 다양한 답을 도출하고 깊이 있는 책 읽기를 도와주는 독서 노트를 꾸준히 병행하는 것이 좋습니다.

독서 노트를 쓰려면 질문해야 하고 마음에 드는 문장을 기록하고 생각하면서 읽어야 하므로 책 한 권을 읽더라도 천천히 곱씹을 수밖에 없습니다. 곱씹은 내용이 많을수록 독서 노트를 쓴 페이지 수가 늘어나므로 양적인 뿌듯함도 같이 느낄 수 있습니다.

독서 노트를 통해서 지은이나 시대적 배경을 조사해서 써넣을 수도 있고 모르는 어휘나 문장을 기록해서 조사해 볼 수도 있습니다. 이는 '슬로 리딩'과 현재 하고 있는 '한 학기 한 권 읽기'와도 아주 잘 접목되는 부분입니다.

그때 그 시절의
나를 만나다

초등학생 때 만난 담임선생님은 일기 쓰기 지도를 무척이나 열심히 하셨습니다. 지금도 집에 가면 초등학교 4학년부터 6학년 때까지 매일 썼던 일기장이 있습니다. 일기를 꺼내어 다시 읽어보니 4학년과 5학년 때의 일기는 별다를 게 없었는데 6학년 때 쓴 일기장은 약간 충격이었습니다. 어른들의 행동이나 학교생활에 대한 불평, 불만을 가감 없이 일기장에 썼더군요. 급기야 속상한 일이 있을 때는 '짜증 난다'라는 표현도 종종 보였습니다. 그리고 학업이나 외모에 대한 스트레스를 적은 글도 많았습니다. 자세히 기억나지는 않지만 나름 6학년 때가 사춘기였나 봅니다.

일기장을 보다 보니 지금의 '아이 둘 엄마인 30대 중반의 나'와 '초등학교 6학년의 나'가 마주하게 되었습니다. 6학년 때 일기장을 보고 나니 지금 학교에서 만나는 우리 아이들을 더 잘 이해할 수 있는 계기가 되었습니다. 특히 기억에 남는 일기장 내용이 있습니다. 선생님들이 수행평가를 몰아서 하는 상황에 대해 불만을 토로한 글이었습니다. 수행평가는 그때그때 수시로 하는데 선생님들이 성적을 처리하는 학기말에 평가를 몰아서

하는 바람에 제가 부담이 되었나 봅니다. 다소 신경질 섞인 글이었습니다. 그 글을 보면서 저는 정말로 뜨끔했습니다. 초등학생 때 그런 생각을 했었다는 것은 까맣게 있고, 선생님이 되어서 저도 종종 수행평가를 몇 단원씩 묶어서 할 때가 많았기 때문입니다.

갑자기 어린 시절 일기장을 소환한 이유는 독서 노트도 이와 마찬가지 역할을 하기 때문입니다. 초등학생 때부터 꾸준히 쓴 독서 노트는 그때 그 시절의 '어린 나'와 대면하게 합니다. 제 친구는 글쓰기를 하는 이유에 대해 이렇게 말했습니다. "옛날에 내가 쓴 글을 읽다 보면 그 글을 썼던 그 시점의 젊은 나를 느낄 수 있어서 좋아."

저도 공감합니다. 독서 노트에는 책 내용만 들어가지 않습니다. 그 당시 책을 읽으면서 느꼈던 생각과 감정들이 오롯이 담겨 있습니다. 읽은 책을 다시 읽어도 읽는 시기에 따라 느끼는 감정은 천차만별입니다. 사람은 현재 자기가 처한 상황에 따라서 같은 글을 보고도 다른 생각을 할 수 있습니다.

독서 노트를 꾸준히 기록하고 누적하다 보면 과거의 독서 노트를 보고 현재의 나를 좀 더 자세히 들여다볼 수 있습니다. 또 독서 노트에 쓰인 옛날의 다짐들을 읽고 새로운 실천 의지가 불붙을 수도 있습니다. 노트에 쓰인 자신의 상처와 고민을 다시 꺼내 보고 새롭게 치유하는 경험을 할 수도 있습니다.

책 읽기가 '저자와의 대화'라고 한다면 독서 노트는 '자기와의 대화'입니다. 이처럼 독서 노트는 자기 성찰의 기회를 줄 뿐만 아니라 자기 성장과 발전의 동력이 됩니다.

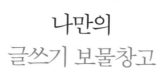

나만의
글쓰기 보물창고

'독서 후 때때로 독서 노트 쓰기'를 꾸준히 실천하다 보면 자신도 모르게 책 한 권이 만들어질 만큼 글쓰기의 보물창고가 됩니다. 게다가 따로 글쓰기 비법을 배우지 않아도 아주 좋은 글을 쓸 수 있습니다. 바느질을 아무리 잘해도 좋은 천이 없으면 좋은 옷이 될 수 없듯이 글쓰기 스킬이 아무리 뛰어나다고 한들 양질의 글감이 없으면 무용지물입니다.

초등학교 국어시간에 글쓰기 활동을 자주 합니다. 그런데 아이들은 여백 가득한 종이를 보는 순간 한숨부터 쉽니다. "선생님 쓸 말이 없어요." 어떤 아이들은 몸을 비틀기도 하고 머리를 쥐어뜯기도 합니다.

물도 그릇에 차야 흘러넘친다고 하지요? 아이가 가진 우물은 물이 없어 바닥을 보이는데 자꾸 물을 퍼 올리려고 하면 아이는 얼마나 답답할까요? 하지만 아이들이 좋아하는 관심사를 물어보면 사뭇 반응이 다릅니다. 관심사를 말할 때 아이들 표정은 어떤가요? 초등학교 2학년 담임을 맡았을 때 일입니다. 어떤 남자아이가 다가와서 공룡이야기를 해주었습니다. 길고 외우기 어려운 공룡 이름을 줄줄이 말했습니다. 이름뿐만 아니라 그 공룡의 특징까지 다 꿰고 있더군요. 관심 분야에서는 놀랄 정도의 총명함을 보여주는 아이들이 참 많습니다.

아이들은 어떻게 그럴 수 있을까요? 자신의 관심사에 대해서 보고 듣고 아는 것이 많기 때문입니다. 즉 물이 가득 찼기 때문입니다. 재미있는 영화를 보고 왔거나 유명한 맛집을 다녀온 다음에는 누가 묻지 않아도 미주알고주알 이야기를 해주고 싶은 것처럼, 해당 주제에 대해 아는 것이 생기면 누군가와 그 주제에 대해 이야기를 나누고 싶어집니다.

반대로 할 말, 쓸 말이 없다는 것은 그 주제에 대해 관심이 없을 뿐더러 내가 모르기 때문입니다. 즉 말할 재료, 말할 거리가 없어서 그렇습니다. 아이들에게 충분한 콘텐츠가 쌓이지 않았기 때문입니다. 할 말이 없는 상태에서 글을 쓰라는 것은 아이들은 물론 누구에게나 고통입니다.

다른 예로 엄마표 영어 교육으로 유명한『잠수네 아이들의 소문난 영어 공부법』에서는 일상생활에서 자연스럽게 발화하려면 약 2000시간의 영어 노출이 필요하다고 말합니다. 이는 매일 2시간씩 하루도 빠지지 않고 3년을 넘게 들어야 하는 시간입니다. 즉 최소 2000시간이라는 임계량이 차야 머릿속에서 쥐어짜지 않고 자연스럽게 영어로 말이 툭툭 튀어나온다는 것이지요. 일단 입력input이 많아야 출력output이 된다는 당연한 논리입니다.

요컨대 글을 잘 쓰기 위해서도 일단 물을 채우는 시간이 필요합니다. 물을 채우는 방법에는 여러 가지가 있습니다. 직접적인 경험은 물을 채우는 아주 중요하고 확실한 방법이지만 모든 것을 경험해 볼 수는 없는 노릇입니다. 그렇기에 간접 경험인 책을 많이 읽는 것이 하나의 방법입니다. 그리고 책을 읽은 후 독서 노트를 쓰는 것입니다. 이정훈은『10권을 읽고 1000권의 효과를 얻는 책 읽기 기술』에서 이렇게 말합니다.

읽기를 위한 쓰기는 선택이 아니라 독서의 빼놓을 수 없는 과정이다. 작가를 꿈꾼 적도, 직업적 글쓰기를 할 생각도 없었지만 깊은 읽기의 시간이 차곡차곡 쌓이는 과정 속에서 자연스럽게 글을 쓰게 되었고 돌아보니 책이 되어 있었다. 놀라우면서도 자연스러운 경험이었다. '읽기, 때때로 쓰기'의 습관이 별것 아닌 것처럼 보일지 모르지만 독서의 방식을 바꾸는 것만으로도 당신의 미래가 바뀔 수 있음을 확신한다.

아이들이 책을 읽으면서 일주일에 한두 번씩 독서 노트에 글쓰기를 하면 글을 쓰고 싶은 재료가 점점 늘어납니다. 한 번 읽고 흘려버리고 잊어버리는 것과 달리 적금 통장에 꼬박꼬박 돈이 모이듯이 내가 모아둔 글쓰기 재료도 차곡차곡 쌓여 나의 자산이 됩니다. 이러한 글감들은 관계가 없어 보이는 국어시간의 글쓰기 주제를 만났을 때도 충분히 발현됩니다. '이 주제는 저번에 독서 노트에 썼던 책과 관계있는 것 같아!' 그러면 글쓰기가 한결 더 수월해집니다.

독서 노트를 꾸준히 써가던 어느 날 아이는 문득 '툭툭' 내뱉을 것입니다. 멋진 문장, 감동적인 문장 어떤 사례를 말입니다. 품격 있는 말하기를 하는 순간이 곧 올 것입니다. 국어교과의 쓰기 시간이나 국어 외 교과의 수업 시간에서도 독서 노트의 내용이 기억나서 연관 지어 말하는 순간이 올 것입니다. 말하기가 곧 글쓰기가 됩니다.

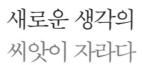

새로운 생각의
씨앗이 자라다

이상민의 『유대인의 생각하는 힘』이라는 책에 이런 글이 나옵니다.

독서는 생각의 촉매제다. 그런데 생각만 하면 정리가 되는 듯하면서도 한계가 있다. 필연적으로 써야만 정리가 된다. 이때 정리란 단순히 방을 깨끗이 하는 의미의 정리가 아니다. 폭발하는 융합을 의미한다. 글을 쓴다는 것은 생각이 깊이 이루어져 그 속에서 지식과 지식 간의 결합이 매우 복잡하게 이루어지고 그로써 완전히 새로운 생산물이 탄생한다. 글을 쓴다는 것은 지식의 결합을 통해 전혀 새로운 이종물을 탄생시키는 것이다. 이렇게 글을 쓰면 이 속에서 혁신과 창조가 나타난다. 그럼으로써 거대한 것이 만들어진다. 이른바 기술혁신, 예술 탄생 등이 이루어지는 것이다.

표현이 거창하지만 한마디로 말하면 글쓰기 활동이 새로운 창조물을 만들어 낸다는 것입니다. 독서 노트를 쓰다 보면 전에 읽은 책과 지금 읽는 책이 연결되어 있다는 것을 느낄 때가 있습니다. 그러한 연결을 통해 새로운 생각이 일어납니다.

저는 평소 아이들과 체계적인 독서 교육을 하고 싶었습니다. 의미 있는 독서 활동을 고민하며 관련 책을 찾아 읽었습니다. 옛 선인들의 독서법, 다른 나라 사람들의 독서법, 요즘 시대에 와서 소위 독서광이라고 하는 사람들의 독서법을 하나하나 찾아보았습니다. 뭔가 특별한 결과를 바라고 읽었던 것은 아닙니다.

그런데 어느 날 문득 머릿속에서 '기록'이라는 단어가 떠올랐습니다. 사람마다 스타일도 다르고 세부적인 내용도 다르지만 책을 읽는 사람들은 하나같이 기록을 했습니다. 옛날 사람들은 종이에, 요즘 사람들은 노트나 혹은 개인 파일에, 바인더에 여러 가지 방식으로 자신의 기록을 관리하고 활용했습니다. 문득 이렇게 좋은 '기록'을 내가 가르치는 아이들과도 해봐야겠다고 생각했습니다. 초등학교 아이들 눈높이에 맞춰 재구성해야겠다고 마음먹었습니다. 이 책도 그렇게 나오게 되었습니다.

새로운 생각은 어떻게 떠오를까요? 달리 말하면 창의력은 어떻게 생기는 걸까요? 마이클 미칼코의 『아이디어가 폭발하는 생각법』을 보면 창의력은, 바로 우리가 모르는 것을 발견하기 위해 아는 것을 풍부하게 재배열하는 데서 나온다고 합니다.

스티브 잡스도 "창조라는 것은 그냥 여러 가지 요소를 하나로 연결하는 것입니다. 창조적인 사람에게 어떻게 그렇게 창의적으로 일할 수 있느냐고 물으면 대답하지 못할 것입니다. 왜냐하면 그들은 실제로 무엇을 한 것이 아니라 단지 뭔가를 본 것이기 때문입니다."라고 말했습니다. 창의적인 사람은 그들이 경험한 것들을 연결해 새로운 것을 만들어 내는 사람이라고 했습니다. 즉, 새로운 것은 내가 기존에 아는 것을 토대로 나옵니다.

독서 노트 쓰기가 창의력에 도움이 되는 이유도 마찬가지입니다. 내가 알게 된 내용, 느낀 바를 꾸준히 정리하다 보면 창의력을 꽃피울 수 있습니다. 독서 노트를 다시 곱씹어 보다 보면 그 사이에서 재미있고 새로운 생각이 나옵니다. 독서 노트는 일상적인 기록 속에서 새로운 생각을 하게 하는 매개체가 될 수 있습니다.

우리 아이들은 무한한 잠재력을 가진 천재입니다. 이에 더불어 독서 노트를 쓰면서 내 생각들을 꾸준히 모아둔다고 생각해 봅시다. 꽃이 언제 필지는 모르겠지만 독서 노트를 쓰는 것은 아이의 가능성이 충분히 발휘될 수 있는 씨앗을 심고 있는 일인지도 모릅니다. 처음에는 노트 쓰기가 힘겨울 수도 있겠지만 점차 숙달되고 기록이 쌓이면 아이들도 느낄 것입니다. 기록은 분명 '새로운 생각의 씨앗'입니다.

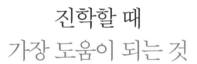

진학할 때
가장 도움이 되는 것

　　대학 입학을 위한 학생부종합전형, 특목고 입학을 위한 자기 주도학습 전형 등 진학을 준비할 때 독서의 중요성은 두말할 필요가 없지요. 고액의 사교육에도 비할 수 없습니다. 독서 습관과 꾸준한 기록은 언제나 진학 준비의 튼튼한 토대입니다. 특히 면접과 자기소개서에서도 독서의 힘은 위대합니다. 사실 수시로 바뀌는 입시제도에 일희일비할 필요는 없습니다. 입시제도는 어려서부터 독서 교육을 꾸준히 한 학생에게 유리하게 작용하기 때문입니다. 김지원의 『입시에 통하는 인문고전 읽기』를 보면 서울대학교가 독서 교육을 강조하는 내용이 나옵니다.

　　독서는 모든 공부의 기초가 되며, 대학 생활의 기본소양이다. 교과와 관련된 인문학, 사회과학, 자연과학, 철학, 공학 분야 도서를 찾아보고 이전에 다뤘던 교과 내용도 참고해 보며 스스로 사고의 폭을 넓혀 보는 연습으로 충실하게 지식을 쌓는 것이 좋다. 어떤 분야의 책이든지 읽고 또 읽어가는 사이에 생각하는 힘, 글쓰기 능력, 전문지식, 의사소통 능력, 교양이 쌓여갈 것이다. 타의에 의한 수박 겉핥기식 독서는 도움이 되지 않는다. 수많은 책 가운데 그 책이 나에게 왜 의미가 있었는지, 읽고 나서 나에게 어떤 변화를 주었는지 생각하기 바란다. 서울대학교는 독서를 통해 생각을 키워온 사람을 기다린다.

서울대학교는 그냥 책을 읽는 것이 아니라 나에게 어떤 의미가 있는지 생각하면서 하는 독서를 강조합니다. 읽고 생각하기 위해서는 기록해야 합니다. 기록을 꾸준히 남겨야 각각의 책마다 가지고 있는 여러 가지 생각거리들을 간직하고 활용할 수 있습니다. 『아이와 놀면서 만드는 초등포트폴리오』에서도 체계적인 독서 노트 쓰기가 진학 준비에 필요하다고 말합니다.

자신의 주장을 논리적인 글과 말로 표현하는 능력은 체계적인 독서 경험을 통해 지식과 사고가 확장되어 있고 논리력을 길러야 습득할 수 있는 능력이다. 그렇기에 초등 저학년 때부터 체계적으로 책을 읽고 기록하는 습관을 길러야 한다. 그렇게 독서 이력을 관리해 두면 그다음에 어떤 책을 읽어야 할지 방향을 제시해 줄 수 있어서 독서 경험을 확장할 수 있다. 진로와 연계된 체계적인 독서를 해왔다면 일종의 포트폴리오에 해당하는 자기소개서 작성 역시 한결 수월해진다.

이처럼 독서 노트는 전공 적합성이나 학업 역량을 표현하는 데 중요한 단서가 됩니다. 나만의 독서 스토리를 완성해 나가는 것이지요. 이는 사교육만으로는 만들 수 없습니다. 억지로 만든다고 해도 조금만 대화해 보면 차이가 드러납니다. 초등학생 때부터 많이 읽고, 독서 노트를 쓰면서 생각하는 힘을 길러 두면 입시제도가 어떻게 바뀌든 문제없습니다.

중요한 건 생각하는 습관

국어책 독서 단원을 보면 상세하고 친절하게 독서 준비, 독서, 독서 후 단계별로 어떤 활동을 해야 하는지 안내합니다. 사실 책 내용 예측하기, 중심내용 찾으며 읽기, 질문 만들고 내용 간추리기와 같은 독서 활동은 선생님들에게 익숙합니다. 특히 독서 전·중·후 활동은 임용시험을 준비할 때도 열심히 외웠던 기억이 납니다. 그런데 선생님들이 독서 활동을 열심히 공부했음에도 불구하고 막상 학교에서 적용하려면 잘 되지 않습니다.

왜 그럴까요? 어쩌면 선생님조차도 책을 읽을 때 하는 독서 활동이 익숙하지 않기 때문이라는 생각이 듭니다. 독서 전·중·후 활동이라는 것이, 예를 들어 배경 지식 활성화, 작가 의도 찾기, 내 경험과 비교하기와 같은 것들은 독서를 하면서 저절로 일어나는 일련의 정신적 활동입니다. 따라서 이러한 생각의 과정들을 상세하게 말로 꺼내어 안내하기가 쉽지 않을 수 있습니다. 하지만 아이들에게 실제로 적용하는 연습을 단계적으로 해주지 않으면 아무리 좋은 내용도 이론에 그칩니다.

여러 독서 활동 중 '질문'을 예로 들어 생각해 볼까요. 모티머 J. 애들러와 찰스 반 도렌의 『생각을 넓혀주는 독서법』에서 이렇게 말합니다.

질문이 무엇인지 알고만 있으면 아무 소용이 없다. 명심해 두었다가 글을 읽으면서 실제로 던져 보아야 한다. 이러한 습관을 지녀야 좋은 독자가 될 수 있다. 더 나아가서 질문에 자세하고 정확하게 답할 줄 알아야 한다. '책 읽는 기술'이란 바로 이렇게 묻고 답하는 데 익숙해지는 능력을 갖추는 것이다.

위에서 중요한 것은 질문 자체가 아니라 질문을 실제로 던져 봐야 한다는 것입니다. 독서를 할 때 질문을 습관화해야 합니다. 습관화하기 위해서는 일정 시간 연습이 필요합니다. 우리는 질문을 던지는 데 무척 어색해합니다. 질문하는 법에 대해서 구체적으로 배운 적도 없고 실제로 독서를 하면서 의식적으로 질문해 보는 경험도 부족해서입니다.

처음에는 의식적으로 질문하는 연습이 필요합니다. '무엇에 관한 내용이지? 지은이는 누구지? 목차에는 무슨 내용이 있을까? 목차에서 내가 가장 읽고 싶은 부분은 뭐지? 이 말은 무슨 뜻이지?' 등의 질문을 연습하다 보면 자연스럽게 머릿속에 입력됩니다. 그러다 보면 나중에는 자기도 모르게 질문을 하면서 책을 읽는 습관을 들일 수 있습니다.

하지만 아이들에게 매번 책을 읽을 때마다 다양한 독서 활동에 대해 안내를 하고 지도한다는 것은 쉽지 않습니다. 사실 "질문해 보세요."라고 말하는 것 또한 아무 안내 없이 "독서 노트 쓰세요."라고 말하는 것과 마찬가지로 부담스러워합니다.

저는 고민했습니다. 선생님이 처음 한두 번 책 읽는 방법을 안내해 주고 독서 노트 쓰는 규칙을 알려준 후 아이 스스로 유익한 독서 활동을 하게끔 만드는 방법을 말이지요. 오랜 고민 끝에 나온 방법이 독서 노트의 큰 틀, 즉 일종의 가이드라인을 만들어 독서 노트 앞에 붙여 주는 것입니다. 이에 맞춰 반복 연습을 하다 보면 따로 가이드라인을 보지 않더라도 내용이 머릿속에 어느 정도 입력됩니다.

즉, 책을 읽을 때마다 작가가 무엇을 말하고자 하는지 생각하고, 감동적인 부분이나 의문스러운 부분은 체크하고, 이해되지 않는 부분은 물음표를 적고, 내가 실천할 수 있는 것은 무엇인지 찾아보는 활동을 습관으로 만드는 것입니다.

이 가이드라인을 통해 아이는 막연하지 않아서 좋고, 선생님은 여러 번 말하지 않아서 좋습니다. 또한 독서 노트 결과물도 쌓여 교사도 아이도 뿌듯한 경험을 할 수 있습니다. 이쯤 되면 가이드라인이 뭔지 궁금하지요? 뒷장에서 자세히 소개하겠습니다.

급변하는 시대,
미래 인재로 키우는 방법

　　요즘 4차 산업혁명, 인공지능, 미래사회에 관한 책이 참 많습니다. 어느 때보다 지금 우리가 사는 시대는 하루하루가 바뀌는 게 눈에 보일 정도로 빠르게 변화하고 있습니다. 새로운 것이 자리를 잡기도 전에 낡은 것이 되리라는 마르크스 말이 오늘날 더욱 와 닿는 것 같습니다. 또한 초등학생들의 67퍼센트는 현재에 없는 직업에 종사하게 된다는 2016년 세계경제포럼의 보고서는 공교육의 방향성에 대해 다시 한번 생각하게 합니다.

　　이제는 단순히 습득한 지식만으로 삶을 살아가는 시대는 지났습니다. 이런 정보의 홍수 속에서 우리 아이들은 어떻게 살아가야 할까요? 이러한 고민은 2019년 초등 전 학년에 적용된 2015 개정 교육과정에도 잘 나와 있습니다. 2015 개정 방향에서 중점을 둔 부분에 대해 살펴볼까요.

　　바른 인성을 갖춘 창의융합형 인재는 2015 개정 교육과정에서 추구하는 인간상을 바탕으로 설정된 인재상으로 '바른 인성을 가지고 인문학적 상상력과 과학기술 창조력으로 새로운 지식을 창조하고 다양한 지

40

식을 융합하여 새로운 가치를 창출할 수 있는 사람'을 의미한다. 창의
성은 창의융합형 인재의 중심 가치가 되며 창의적인 사람은 새로운 의
미와 가치를 생성할 수 있어야 한다. 이는 융합적 사고를 필요로 하며
융합은 다양한 지식과 아이디어를 연결하는 능력으로 통합과 유사한
의미가 있다. 즉 창의적인 사람은 융합적 사고를 바탕으로 하여 새로운
의미와 가치를 생성할 수 있어야 한다. 또한 이러한 활동은 인간과 사
회에 이로운 것이어야 하므로 도덕성을 갖추어야 한다.

미래사회는 창의융합형 인재를 원합니다. 이러한 인재 또한 독서를 통
해 만들어진다고 볼 수 있습니다. 다양한 지식과 아이디어는 어떻게 연결
할까요? 눈에 보이지 않는 수많은 생각은 특별한 의미를 갖기 어렵습니다.
뒤죽박죽 엉킨 실타래와 같은 생각들을 어떻게든 바깥으로 꺼내놔야 새로
운 것들이 보이기 시작합니다.

즉, 내 생각을 독서 노트에 옮겨 쓰면서 같은 주제의 책을 다양하게 접
하고 비교해 보는 경험, 다른 주제의 책을 하나로 연결해 보는 경험, 책의
주장을 결부시켜 나의 주장을 견고히 하는 경험, 같은 작가의 책을 두루
섭렵하여 한 사람의 생각이 어떻게 바뀌어 가는지 탐구해 가는 경험 등
을 할 수 있습니다. 이로 인해 창의융합형 인재에 한 걸음 더 다가설 수
있습니다.

1만 시간의 법칙으로 유명한 말콤 글래드웰의 『아웃라이어』에서도 앞
으로 다가올 미래사회의 변화가 우리 삶에 미칠 영향을 짐작하게 합니다.
그는 인류역사상 가장 부유한 75인의 명단을 분석했습니다. 그 명단에서
흥미로운 사실은, 75인 중에서 19세기 중반에 태어난 미국인이 14명이나

포함되어 있다는 것입니다. 왜 인류 역사 최고의 부자 중에 20%가 비슷한 시기에 출생한 미국인이었을까요? 이는 1860년대와 1870년대의 미국 경제가 역사상 가장 큰 변화를 겪었고 그 역동의 변환기에 그들은 성공의 기회를 잡았습니다. 이처럼 성공이나 부를 쌓는 데에도 시대적 영향을 간과할 수 없습니다.

지금은 '1860년~1870년대 미국'과 같이 한 나라만의 국소적인 변혁기가 아닙니다. 전 세계적인 대변혁기입니다. 집에서 쓰지 않는 공간을 필요한 사람들에게 제공하는 아이디어로 300억 달러 이상의 기업 가치를 내는 숙박 공유 플랫폼 '에어비앤비', 택시를 잡는 데 오래 걸리는 불편함을 포착해 모바일 앱으로 승객과 운전기사를 연결해 주는 기술 플랫폼 '우버'처럼 새로운 세상은 매 순간 새로운 직업을 만들어 내고 있습니다. 이 변화의 소용돌이에서 우리 아이들이 도태되지 않고 세상을 이끌 리더로서 반짝이고 창의적인 아이디어를 만들어 낼 수 있도록 도와주어야 합니다.

"나는 삶을 변화시키는 아이디어를 항상 책에서 얻었다."라는 미국 작가 벨 훅스의 말처럼, 책을 읽는 과정에서 많은 아이디어가 떠오릅니다. 이처럼 책을 읽고 떠오르는 아이디어를 자유롭게 기록하는 독서 노트는 아이들 내면에 있는 창의적 역량을 끌어내는 데 도움을 줍니다.

'창의융합형 인재!' 다소 막연하게 느껴지지만 '천릿길도 한 걸음부터'라는 속담처럼 그 첫걸음을 '독서 노트 쓰기'로 시작해 보면 어떨까요.

2장

스스로, 재미를 느끼며
독서 노트를
쓰게 할 수는 없을까?

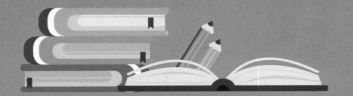

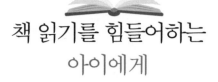

책 읽기를 힘들어하는
아이에게

"어떻게 하면 아이들이 책에 흥미를 느낄까?"

"어떻게 독서 활동을 재미있게 할 수 있을까?"

독서 지도를 하는 부모님이나 선생님이라면 한 번쯤 이런 고민을 해봤을 것입니다. 저 또한 같은 고민을 합니다. 어른도 마찬가지겠지만 아이에게 '재미'라는 것은 어떤 일을 하게 만드는 자발적인 원동력입니다. 하지만 이 재미라는 것은 지극히 주관적이기 때문에 '누구에게나 재미있는 책', '누구에게나 재미있는 방법'은 있을 수 없습니다. 다만 아이들이 책의 재미를 찾아가는 과정을 선생님과 부모님이 도와줄 수는 있다고 생각합니다. 먼저 책의 재미에 대한 관점을 아이들의 입장에서 살펴보면 크게 세 가지로 나누어 볼 수 있습니다.

첫 번째로는 그냥 표지만 봐도 '완전 재미있는 책'입니다. 일단 세 장을 넘기면 끝까지 읽게 되는 책입니다. 아이들은 책을 읽자마자 재미를 느낍니다. 정말 재미있는 책을 읽을 때, 아이들은 책 읽는 즐거움에 푹 빠집니다. 여기서 '재미있는 책'이란 그 나이 또래 아이들이라면 대부분 즐겁게 읽는 책으로 『엉덩이 탐정』과 같은 추리물이나 『흔한 남매』와 같은 웹툰, 혹은 서사 구조가 좋아서 아이들이 쏙 빠져들어 읽을 수 있을 만한 생활 밀착형 소재의 단편, 장편 동화 등이 있습니다.

추리물이나 웹툰 같은 경우에는 아이들이 알아서 찾아 읽기 때문에 크게 선생님이 해줄 일은 없습니다. 다만 생활 밀착형 단편, 장편 동화는 아이들이 적극적으로 찾아 읽지 않을 수 있습니다. 그럴 땐 추천도서나 도서 후기를 참고하여 아이들에게 책의 앞부분 몇 장을 읽어 줍니다. 그러면 뒷이야기가 궁금해서 서로 읽겠다고 합니다.

이왕이면 다홍치마라고 책 중에서도 재미있는 책을 읽는 경험은 '책은 정말 재미있다'라고 인식하게 하는 중요한 경험입니다. 아직 독서에 재미를 붙이지 못한 아이들에게 재미있는 책을 되도록 많이 소개해 주고 읽게 하는 것이 좋습니다.

다만 몰입이 쉽게 되는 '완전 재미있는 책에만' 길들여지는 것에는 약간의 맹점이 있습니다. 이는 마치 식탁에 밥을 다 차려놓고 숟가락으로 음식을 떠먹여 주는 것과 같습니다. 먹여 준 음식이 입에 맞으면 다행인데, 맞지 않으면 인상을 찡그리며 퉤퉤 뱉기 일쑤이지요. 혹여 선생님이나 부모님이 추천해 준 책이 초반에 아이의 구미에 당기지 않는다면 아이들은 이내 '아, 역시 책은 재미없어.'라며 책을 외면할 수 있습니다.

두 번째로는 '처음에는 재미가 없었는데 계속 읽다 보니 재미있는 책'입니다. 줄거리 구성이 복잡하거나 등장인물이 많은 경우, 호흡이 긴 소설이 그런 경향이 있습니다. 처음엔 복잡해서 흥미가 덜하지만 후반부에 들어갈수록 이야기에 빠져들어 책 읽는 재미에 폭 빠집니다. 이때 재미없다고 느낄 수 있는 앞부분을 아이들 스스로 견뎌낼 수 있도록 그 중간 과정을 도와주면 좋습니다. 이야기와 관련한 힌트를 제공하거나 여러 등장인물을 간단히 소개해 주고, 배경이나 전체 줄거리에 대한 방향도 한번 잡아주면 책에 빠져드는 데 도움이 됩니다.

세 번째로는 '끝까지 읽어도 재미없는 책'입니다. 아주 난처합니다. 어려운 고어가 섞여 있는 고전의 경우 아이들이 처음부터 끝까지 어렵고 재미없다고 생각할 수 있습니다. 하지만 명불허전 고전은 고전이기에 어려워도 끝까지 읽으면 좋은 경험이 됩니다. 어쩌면 책의 진정한 재미, 다디단 열매가 많은 책이 바로 고전일 수 있기 때문입니다. 여기서 말하는 재미는 앞서 이야기한 재미와는 다른 의미인데요. 책을 읽음으로써 느끼는 어떤 유익한 교훈이나 감동, 읽기 전에는 알 수 없었던 것을 알게 됨으로써 얻는 지적 성취감과 같은 뿌듯함에서 오는 재미입니다. 이 또한 몇 번 경험하면 계속 책을 읽고 싶어집니다.

어렵고 지루한 책을 견디며 끝까지 읽어 본 아이들이 수준 높은 독서력을 만들어 갈 확률이 높습니다. 성인이 되어서도 책 읽기를 꾸준히 할 가능성도 큽니다. 동서고금을 막론하고 지독하게 책을 읽은 위인들을 보면 '어렵다, 재미없다'의 단계를 넘어서 그 속에 담긴 지혜의 샘물을 마셨기 때문에 독서에 빠질 수 있었습니다. 사이토 다카시의 『독서력』에 이런 말이 나옵니다.

흥미 본위의 독서에서 탈피할 수 있도록 다리가 되어 주는 책만이 독서력을 형성하는 데 결정적인 역할을 합니다. 아동도서를 읽느냐 마느냐가 결정적인 영향을 준다기보다 영구치를 만들어 주는 독서를 하느냐

마느냐가 이후 독서 습관에 큰 영향을 미칩니다.

　여기서 영구치 수준의 독서란, 그림이 그려진 동화책이나 흥미 위주의 독서가 아닌 다소 딱딱하고 진지하지만 영양가 있고 익숙해지면 재미있는 독서를 말합니다.

　재미있는 책은 읽지만, 다소 지루하고 재미없는 책은 싫어하는 갈림길에 선 아이들이 있습니다. 이런 경우 선생님과 부모님은 재밌는 책을 찾아주는 것도 중요하지만 그보다는 이 중간 단계의 아이들을 수준 높은 독서력을 갖춘 성인 독서의 세계로 안내하는 것이 중요합니다.

　가령, "『논어』를 읽었는데, 정말 어려웠어. 도대체 무슨 말을 하는지 이해할 수가 있어야지?"라고 투덜거리는 아이가 있다면 선생님이나 부모님이 함께 책을 읽으며 마음에 드는 문장이나 책 내용에 관해 이야기 나누며 끝까지 읽을 수 있게 도와줍니다.

책을 좋아하게 하는 세 가지 방법

　아이들이 독서를, 독서 노트 쓰기를 진심으로 좋아하게 만드는 방법은 없을까? 재미없다는 독서, 독서 노트 쓰기, 어떻게 아이들을 이끌어가야 할까?

　솔직히 아이들이 어떤 책이 재미없다고 하면 진짜 재미없는 책이 맞습니다. 하지만 그렇다고 해서 부모님과 선생님이 책 내용을 재미있게 바꿔 줄 수는 없는 노릇입니다. 여기서 가장 고민해 봐야 할 문제는 아이들의 '재미없고 지루하다'라는 생각을 어떻게 하면 덜하게 할 수 있을까입니다.

책 역시 사람이 쓴 만큼 책 읽기는 친구를 사귀는 것과 비슷합니다. 처음 읽을 때는 머쓱하고 낯설고 어색합니다. 하지만 서로 함께하는 시간을 통해 추억과 공감대를 쌓으면 어느샌가 낯설기만 하던 친구가 가장 친한 친구가 되어 있습니다. 독서도 마찬가지입니다. 선생님과 부모님은 아이에게 책이 낯선 친구에서 친한 친구가 될 수 있게, 흥미 위주에서 끝나 버리지 않게 시간과 관심을 쏟아야 합니다.

이 단계의 아이들에게 무엇을 해줄 수 있을지 여러 가지를 생각해 볼 수 있지만 무엇보다 필요한 점은 동기를 유발하는 것입니다. 동기란 책을 꼭 읽어야겠다는 욕구나 의지를 일으키는 원동력이라고 볼 수 있습니다. 이 책이 지금 당장은 어렵지만 그럼에도 나는 이 책을 읽어 보겠다는 마음가짐을 갖게 하는 것입니다. 바로 그 마음이 포인트입니다.

어떻게 독서 동기를 유발할 수 있을까요? 크게 세 가지로 나누어 볼 수 있습니다. 세 가지 모두 특별한 자료 준비 없이 선생님이나 부모님이 이야기를 해주고 소개하면 되는 것이어서 부담 없이 도전해 볼 수 있습니다.

첫째, 독서가 나와 얼마나 관련이 있고 유용한지 알려 줍니다. 솔직히 재미는 없더라도 나에게 필요하고 도움이 된다고 생각하면 대부분 사람들은 그 행동을 하기 때문입니다. 이는 켈러Keller J. M.가 제안한 동기 이론에서 '관련성relevance' 항목과 관계가 깊습니다.

아무리 맛이 없는 나물 반찬이라도 몸이 건강해진다고 하면 먹습니다. 아무리 운동이 귀찮아도 날씬하고 멋진 몸을 유지하는 데 도움이 된다고 하면 합니다. 이렇게 별로 좋아하는 행위는 아니지만 나에게 쓸모 있어서 했더니 나물반찬의 담백한 음식 맛을 알게 되고 운동 자체가 주는 기쁨을 깨닫게 됩니다.

이처럼 책 읽기에 대해서도 나에게 어떤 도움이 되는지 구체적인 설명이 필요합니다. 독서와 독서 노트가 내 삶에 어떤 영향을 끼칠 수 있는지, 얼마나 필요하고 중요한 활동인지에 대해서요. 이 부분을 꾸준히 이야기해 준다면 책을 읽기 싫어하는 아이들에게 책을 읽게 하는 동기가 될 수 있습니다.

둘째, 칭찬을 해주는 것입니다. 아이의 좋은 점이나 훌륭한 점을 찾아서 높이 평가하는 것입니다. 구체적으로 말해 독서에 있어서 칭찬은 선생님이나 부모님이 아이들에게 긍정적인 자아상과 자기 효능감을 높여주기 위한 목적으로 사용하는 언어나 행동입니다. 칭찬을 많이 받으면 자신감이 생깁니다.

독서와 관련된 긍정적인 피드백을 많이 들은 아이는 '나는 독서를 잘하는 아이', '독서를 즐기는 아이', '책을 적재적소에 잘 활용하는 아이' 등과 같이 독서에 대한 긍정적인 마음이 생깁니다. 이렇게 선생님과 부모님이 독서와 독서 노트를 다루는 전 과정에서 틈틈이 해주는 적극적인 지지와 신뢰, 칭찬은 아이들에게 독서와 노트 쓰기에 대한 동기를 강화시킵니다.

셋째, 명언을 활용하는 것입니다. 짧은 문장이지만 명언을 접할 때면 감동하기도 하고 나의 삶을 다시 한번 되돌아보는 계기가 됩니다. 독서와 독서 노트 쓰기가 살짝 시들해질 때 독서 명언을 제시하면서 동기를 유발하면 좋습니다.

독서의 중요성이나 독서 노트 쓰기가 아이들에게 얼마나 유용한지에 대해 막상 알려 주려고 하면 어떻게 말을 꺼내야 할지 막연할 수 있습니다.

이때 활용할 수 있도록 '독서'와 '독서 노트 쓰기'라는 두 가지 주제로 나누어 스토리텔링 형식으로 다음 챕터에 정리하였습니다. 독서와 독서 노트 쓰기가 얼마나 좋은지 과학적인 사례를 제시하고, 선생님이나 부모님이 아이들 상황에 맞게 활용할 수 있도록 인물 중심으로 이야기를 엮었습니다. 인물 중심 사례를 아이들에게 들려줄 때 기억하기 쉽도록 이야기 구조를 '인물 호기심 유발-인물 대표 업적-인물의 특이점-본받을 점을 통한 동기유발'과 같이 4단계로 통일감을 주었습니다. 짧은 한 대목이라도 틈틈이 들려주면 좋습니다. 부모님이라면 베갯머리나 식사시간에, 선생님이라면 수업시간을 적절히 활용하면 좋습니다.

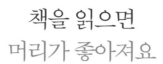

책을 읽으면
머리가 좋아져요

책을 많이 읽으면 머리가 좋아진다고 말합니다. 왜 그럴까요? 먼저 언어, 사고, 판단, 창조 등 사람의 모든 행동을 주관하는 사령관 역할을 하는 뇌에 대해 살펴볼까요.

뇌의 가장 바깥 표면을 대뇌피질이라고 합니다. 뇌는 크게 두 부분, 즉 좌반구와 우반구로 구성되어 있는데 각 반구의 피질은 아래의 그림처럼 네 개의 엽으로 나뉩니다. 이 엽을 전두엽, 측두엽, 두정엽, 후두엽이라고 부릅니다.

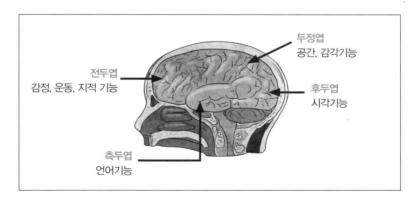

전두엽은 쉽게 말해 '뇌의 CEO'라고 불리는 곳으로 기억력, 사고력, 추리력, 의사결정 능력 등 인간의 수준 높은 정신 능력을 관장하며, 뇌의 앞부분에 있는 영역입니다. 전두엽은 성격 형성이나 행동의 집행 및 조절 기능을 담당하기 때문에 네 가지 엽 중에서 가장 중요한 부위입니다. 측두엽은 언어, 말, 소리의 이해에 필수적인 뇌의 부분이며 두정엽은 공간지각을 담당하는 뇌의 위쪽 부분입니다. 후두엽은 시각과 지각을 처리하는 부분으로 뇌의 뒷부분에 있습니다.

우리가 책을 읽는 장면을 상상해 보세요. 책을 읽을 때 받아들이는 첫 자극은 바로 글씨입니다. 우리 뇌는 책의 글씨를 시각 정보로 인식해서 후두엽이 활성화되기 시작합니다. 글의 내용을 이해하고 나의 배경 지식과 연결하는 과정에서 언어 이해에 필수적인 측두엽과 기억력 사고력 등 인간의 고등 행동을 관장하는 전두엽이 상호작용을 하며 자극을 받습니다. 원래 각자의 역할을 하도록 설계된 뇌가 책을 읽으면서 동시다발적으로 빠르게 상호작용을 합니다. 이렇게 지속적이고 다양한 두뇌 자극으로 인해 두뇌가 좋아지는 것이지요.

여기서 더 놀라운 사실이 있습니다. 책 읽는 아이들의 뇌가 똑같이 자극을 받는 것은 아닙니다. '초보 독서가의 뇌'는 책에 있는 글씨 자체를 읽고 이해하는 데 많은 시간을 할애하게 됩니다. 하지만 독서를 많이 하면 책을 읽고 이해하는 속도가 빨라집니다. 점차 '숙련된 독서가의 뇌'로 변해 가는 것이지요. 책의 의미를 읽고 이해하기에도 벅차던 우리의 뇌는 이제 빠른 시간 안에 의미를 이해하고, 더불어 읽은 내용을 분석하고 활용하는 능력을 고도로 발휘하게 됩니다. 독서를 통해 뇌가 빠르게 회전하며 기상천외한 생각을 하는 뇌로 점점 거듭나게 되는 것이지요.

독서가 뇌의 다양한 부위에 자극이 가서 머리가 좋아지는 반면 스마트폰이나 인터넷 게임을 할 때는 시각 자극을 담당하는 뇌의 후두엽 부분만 활성화됩니다. 즉 정보가 전두엽으로 전달되지 않아 우리가 충분히 사고할 시간과 여유를 주지 않습니다. 실제로 인터넷이나 게임중독에 빠지면 뇌의 가장 중요한 부분인 전두엽 발달에 장애가 생겨 충동을 조절하거나 판단하는 능력이 저하된다는 연구 결과가 있습니다. 지금은 전두엽이 왕성하게 발달하는 시기이니만큼 게임 시간을 적절히 조절하는 것이 좋겠지요. 그에 더해 뇌 발달에 좋은 독서를 꾸준히 하는 게 어떨까요?

독서는 뇌를 끊임없이 발달시켜 더욱더 공부를 쉽게 할 수 있고 무에서 유를 창조하는 진정한 의미의 독서를 가능하게 합니다. 미래 인재에게 요구되는 창조성과 상상력을 키울 수 있습니다. 즉 독서를 하면 뇌가 자극을 받아 두뇌가 좋아지고, 두뇌가 좋아지니 독서는 더 쉬워질 뿐만 아니라 같은 책을 읽어도 다양한 생각을 할 수 있는 생각머리가 발달합니다.

숙련된 독서가의 뇌가 탐나지 않나요? 열심히 책을 읽어 초보 독서가에서 숙련된 독서가로 넘어가는 과정에 동참하지 않을래요?

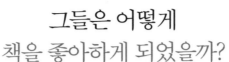

그들은 어떻게
책을 좋아하게 되었을까?

'백독 백습' 독서왕 세종대왕

'세종대왕' 하면 무엇이 떠오르나요? 세종대왕은 '대왕'이라는 호칭이 붙을 만큼 백성을 사랑하고 조선의 문화를 찬란하게 꽃피운 조선 시대 최고의 성군입니다. 특히 세종대왕은 어렸을 때부터 독서를 즐겨 한 것으로 유명합니다. 그는 밥을 먹을 때도 좌우에 책을 펴 놓았고, 날이 추울 때나 더울 때나 책을 읽느라 밤을 지새운 날도 많았습니다. 궁궐 안에 세종대왕이 읽지 않은 책이 없을 정도였다고 합니다.

한번은 세종대왕이 어렸을 때 밤낮으로 책을 읽어 병이 나자 태종이 방 안에 있던 책을 모두 가져갔습니다. 그는 책을 읽지 못해 몹시 답답해하다가 병풍 사이에 숨겨져 있던 『구소수간』이란 책을 발견하고는 그 책을 닳도록 읽고 또 읽었다고 합니다.

그러면 세종대왕은 왜 이렇게 독서를 많이 한 것일까요? 그 첫 번째 이유는 바로 책의 유익함을 몸소 느꼈기 때문입니다. 세종실록에 보면 이런 말이 나옵니다.

> "요즘 매일같이 『자치동감훈의』를 읽고 있다. 이 책을 읽으니 독서가
> 유익한 것임을 더욱 알게 됐다. 날마다 더욱더 총명해지는 것 같고 잠
> 도 아주 줄어들었다."
>
> "내 일찍이 여러 책을 읽어 의문이 거의 남아 있지 않다고 생각해 왔는
> 데 이 책을 읽어 보니 궁금한 점이 한두 가지가 아니구나. 이러니 학문
> 이란 참으로 무궁하다 할밖에."

이처럼 세종은 독서를 통해 새로운 세상과 학문을 접하고 공부했습니
다. 그리하여 나날이 총명해지고 세상을 바라보는 안목이 높아졌습니다.

그가 독서를 많이 한 또 다른 이유가 있습니다. 그것은 바로 독서가 이
세상에 도움이 되었기 때문입니다. 세종이 집현전 학자들을 모아두고 한
말이 있습니다.

> "우리 모두 목숨을 버릴 각오로 독서하고 공부하자. 조상을 위해, 부모
> 를 위해, 후손을 위해 여기서 일하다가 같이 죽자."

신하들에게 이렇게 말할 정도로 세종은 독서를 '죽도록' 열심히 했습니
다. 세종은 한 나라의 왕으로서 백성들을 위해 책을 읽었습니다. 세종
은 백성을 너무나도 사랑했고 사랑하는 백성들이 고통받지 않고 행복하
게 사는 방법을 연구하기 위해 책을 읽었습니다. 그랬기에 세계에서 가장
위대한 문자인 한글이 탄생하게 되었습니다. 그뿐만 아니라 그의 독서는

정치·경제·과학·의학·군사·법률·농업 등 여러 분야에서 백성들의 생활에 영향을 미쳤습니다. 세종의 독서는 개인적으로든, 사회적으로든 훌륭한 결과를 가지고 왔습니다.

우리의 독서 또한 비슷합니다. 독서를 통해 다양한 분야에 대한 지식을 얻고, 궁금한 점을 해결합니다. 더불어 독서는 활용하기에 따라 다른 사람에게도 유익을 줍니다. 어려운 책을 읽고 다른 사람이 이해하기 쉽게 이야기해 준다거나, 만화나 그림으로 다시 표현해 보는 활동은 자신에게도 좋고 다른 사람들에게도 좋습니다.

책을 읽고 알게 된 재미있는 사실이 있나요? 이야기를 통해, 글을 통해 여러 사람과 나누어 봅시다. 세종이 독서로 널리 사람을 이롭게 하였듯이 우리도 독서를 통해 자신뿐만 아니라 우리 사회도 함께 이롭게 할 수 있습니다.

어린 시절 읽은 다양한 책이 자양분이 된 조앤 롤링

'조앤 롤링' 하면 무엇이 떠오르나요? 아마도 많은 사랑을 받은 『해리포터』가 떠오를 것입니다. 『해리포터』는 67개 국어로 번역되었으며 4억 5천만 부 이상으로 많이 팔린 책입니다. 『해리포터』 이야기는 신비한 마법의 세계와 다채로운 인물, 지명, 마법 용품 등 현실에서는 쓰지 않는 생소한 용어와 그에 얽힌 이야기들이 단연 돋보입니다. 복선이 촘촘히 얽힌 흥미진진한 전개는 독자들의 마음을 쏙 빼앗았습니다. 방대한 마법의 세계가 한 사람의 머릿속에서 나왔다는 사실이 그저 놀랍습니다.

조앤 롤링 작가는 어떻게 이렇게 재미난 이야기를 쓸 수 있게 되었을까요? 그것은 바로 작가의 무한한 상상력 덕분입니다. 이런 상상력은 어디서 왔을까요?

가령 어려운 문제를 풀 때 힌트를 주면 '아!' 하고 바로 답을 맞히는 것처럼 어떤 것을 상상할 때도 호기심을 일으키거나 영감을 발현할 약간의 '재료'가 필요합니다. 음식 재료가 많으면 다양한 요리를 만들 수 있듯이 생각 재료가 많으면 더 재미있는 것을 생각해 낼 수 있습니다. 조앤 롤링은 상상력의 재료를 주변 사물뿐만 아니라 책을 통해서 많이 얻었습니다.

조앤 롤링의 어머니는 책을 좋아해서 책장에는 많은 책으로 가득 차 있었습니다. 조앤 롤링은 어린 시절부터 자연스럽게 책과 가까워졌고 책벌레라고 불릴 만큼 책을 많이 읽었습니다.

그녀는 어떤 책을 즐겨 읽었을까요? 작가라고 해서 문학책만 읽은 것은 아닙니다. 조앤 롤링은 어렸을 때부터 고대 그리스 신화, 음악, 연극, 미술 등 다양한 분야의 책을 읽었습니다. 이러한 다양한 분야에 대한 해박한 지식이 『해리포터』 책 속에 녹아들어 신비하고 흥미진진한 이야기가 만들어진 것이지요. 여자 주인공인 '헤르미온느'라는 이름도 셰익스피어가 쓴 희곡인 「겨울이야기」에서 가져왔습니다. 이와 같이 독서를 통한 다양한 분야의 지식과 작가의 상상력이 더해져 멋진 소설을 탄생시켰습니다.

다양한 분야의 독서는 지금 당장 나의 생활과 관련이 없더라도 언젠가는 도움이 될 때가 많습니다. 모든 지식은 단편적인 것이 아니라 연결되어 있기 때문입니다. 또한, 내가 하고자 하는 말에 신뢰도를 높여 주는 적절한 근거로도 사용됩니다. 재미나게 읽었던 속담이나 고사성어에 관한 책이 비슷한 상황과 만나서 자연스럽게 덧붙여 말하게 되는 것과 같습니다.

다방면으로 책을 읽은 덕분에 생긴 수많은 이야기 재료들이 그녀를 세계적인 베스트셀러 작가로 거듭나게 했듯이 다양한 책을 접해 본 독서 경험은 우리의 생활 곳곳에서 유용하게 활용됩니다.

아직까지 미처 관심을 두지 못했던 분야에 한번 도전해 볼까요? 평소 눈길이 닿지 않았던 도서관의 분류 코너에 가서 책 목록을 훑어보는 것부터 시작해 봅시다.

게임을 즐겨 하던 빌 게이츠의 반전

'빌 게이츠' 하면 무엇이 떠오르나요? 그는 세계 최대의 컴퓨터 소프트웨어 회사인 마이크로소프트의 창립자로 미국의 기업가이며 세계적인 부자입니다. 조금 더 와닿게 말한다면 그는 컴퓨터 사용자가 명령어를 기억할 필요 없이 마우스로 아이콘을 클릭하여 손쉽게 컴퓨터를 실행할 수 있는 '윈도우 운영체제'를 개발한 사람으로, 디지털 정보 시대를 이끈 선두 주자입니다. 이뿐만 아니라 빌 게이츠는 《포브스》지에서 선정하는 세계 억만장자 순위에서 13년 연속 1위를 차지할 정도로 '세계 최대 부자'라는 수식어로 소개되기도 합니다.

그의 어린 시절은 어땠을까요? 여러분의 예상대로 빌 게이츠는 컴퓨터에 푹 빠져 살았습니다. 게다가 빌 게이츠는 어려서부터 컴퓨터 게임도 아주 좋아했습니다. 13세 때 처음으로 '틱택톡'이라는 컴퓨터 게임 프로그램을 짜 보기도 했습니다. 그의 친구들은 그가 컴퓨터실을 너무 오래 사용한다고 불평했지만 막상 컴퓨터와 관련해 모르는 게 생기면 항상 그에게 가서 물어보았다고 합니다. 그만큼 그는 컴퓨터에 많은 시간을 할애했습니다.

그런데 여기서 약간의 반전이 있습니다. 엄밀히 말하자면 그는 '컴퓨터만' 한 것은 아니었습니다. 그는 컴퓨터를 좋아한 만큼 컴퓨터와 관련된 책도 수북이 쌓아 놓고 읽었습니다. 컴퓨터 책뿐만 아니라 '백과사전 전집을 몽땅 다 읽어 버릴 것이다!'라고 말할 정도로 여러 책을 닥치는 대로 읽는 스타일이었습니다. 그는 학창 시절에 레오나르도 다빈치, 나폴레옹, 루스벨트 대통령의 전기 등 다양한 책을 섭렵했습니다.

이러한 독서 습관은 그를 컴퓨터 전문가로서뿐만 아니라 세계적인 기업가로 성장할 수 있는 폭넓은 안목과 뛰어난 사업수완을 갖추게 하였습니다. 그는 컴퓨터를 좋아하다 보니 자신이 좋아하는 컴퓨터와 관련된 일을 하면서 돈을 벌고 싶었습니다. 이러한 생각과 평소 독서로 다져진 그의 뛰어난 사업수완이 시너지 효과를 일으켜 마이크로소프트사는 성공을 거듭하게 되었습니다.

지금도 그는 컴퓨터를 사랑합니다. 또한 꾸준히 독서 노트를 쓰고 책을 소개하는 '게이츠 노트'라는 블로그를 운영합니다. 그의 독서 사랑은 대단해서 집에 도서관과 도서 관리인이 따로 있을 정도라고 합니다. 독서와 그의 삶, 그의 전문 분야와는 떼려야 뗄 수 없는 관계입니다.

이렇게 독서는 자신이 좋아하는 것을 더욱 잘할 수 있게 해줍니다. 또한 좋아하는 관심사가 미래의 직업과도 연계될 수 있게끔 다양한 길을 제시합니다.

내가 지금 관심 있고 좋아하는 분야가 있나요? 그렇다면 그와 관련된 책을 한번 펼쳐 보세요. 내가 몰랐던 새로운 길이 열릴지도 모릅니다. 독서는 좋아하는 것에 대해 깊은 식견을 갖게 하고 발전적인 생각을 하게 하는 생각의 원천입니다.

고전의 중요성을 알려 주는 아인슈타인

'아인슈타인' 하면 무엇이 떠오르나요? 아인슈타인은 1921년 노벨 물리학상을 받은 세계적인 과학자입니다. 그의 상대성 이론은 현대 과학사에 큰 영향을 끼쳤지요. 그의 헝클어진 머리와 장난스러운 눈빛은 창의성과 상상력이 풍부한 천재 과학자의 아이콘이기도 합니다.

그의 어린 시절을 떠올리면 왠지 학교에서 두각을 나타내며 공부를 무척 잘했을 것 같은 느낌이 들지만 의외로 그렇지 않았습니다. 아인슈타인은 지적장애가 의심스러울 정도로 산만하였고 딱딱하고 무거운 분위기의 주입식 학교 교육에 적응하지 못했습니다. 급기야 선생님은 아인슈타인에게 "너는 너무나 형편없는 놈이어서 커서 아무것도 제대로 하지 못할 거야.", "네가 교실에 있다는 자체만으로 아이들은 나에 대한 존경심을 잃는다."라고 말할 정도였습니다.

그렇다면 아인슈타인의 천재성은 어디에서부터 시작된 걸까요? 여러 요인 중 주목할 만한 점은 어린 시절부터 '고전 읽기'를 즐겨 했다는 것입니다. 어느 날 아인슈타인은 부모님의 초대로 막스 탈무드라는 의대생을 만납니다. 그는 아인슈타인에게 다양한 책을 소개해 줍니다. 유클리드의 『기하학』, 칸트의 『순수이성 비판』 등과 같은 고전을 10대 시절에 읽었습니다. 그의 독서는 대학에 들어가서도 꾸준히 이어졌습니다. 철학 강의를 즐겨 들었고 마음 맞는 친구와 '올림피아 아카데미'라는 독서 모임도 만들었습니다. 독서 모임에서는 위대한 사상가들이 쓴 책을 같이 읽고 느낀 감상을 공유하였습니다. 때로는 한 줄이나 한 문단을 가지고도 열띤 토론을 했습니다.

한 문장 한 문장을 놓치지 않고 그 의미를 골똘히 머릿속으로 생각하는 태도, 납득되지 않는 부분에 대해 끊임없이 질문하는 태도, 답을 정해 두지 않는 유연한 사고 등 고전 독서로 단단하게 다져진 그의 인문학적 상상력은 누구도 생각지 못했던 새로운 과학이론을 만들어 내는 토대가 되었습니다.

고전은 무수히 많은 책 중에서도 짧게는 수십 년에서 길게는 수천 년 이상 사람들에게 읽히며 감동을 주는 책입니다. 주변에 좋은 책이 많지만 그중에서도 고전은 마음과 머리를 맑게 해주고 깨달음을 주는 보약 중의 보약입니다. 우리도 한번 고전 읽기에 도전해 보는 것은 어떨까요? 고전을 읽으면 세상을 감동시킨 위대한 천재들이 때로는 친구처럼, 때로는 선생님처럼 바로 내 곁에서 위로와 가르침을 줍니다. 책을 펼쳐서 읽기만 한다면요.

어떤 책부터 읽어야 할지 모르겠다고요? '고전' 하면 고리타분하고 딱딱한 책이라는 생각이 먼저 든다고요? 그렇지 않습니다. 생각보다 우리가 이미 많이 듣고 아는 책들이 있거든요. 다가가기 쉬운 문학이나 역사부터 시작해 보면 어떨까요? 『어린 왕자』, 『아낌없이 주는 나무』, 『레미제라블』과 같은 문학책이나 『삼국지』, 『삼국유사』와 같은 역사책은 어떤가요? 고전에 더욱 호기심이 생긴다면 공자의 『논어』나 『소크라테스의 변론』과 같은 철학 고전도 읽어 봅시다. 특히 철학 고전 같은 경우에는 한 번에 많이 읽는 것이 꼭 좋은 것은 아닙니다. 한 줄을 읽고도 '왜?'라고 질문해 보며 천천히 읽는 것이 책을 한 번에 많이 읽는 것보다 머리가 좋아지는 좋은 습관이랍니다. 조금씩, 조금씩 맛있는 음식을 아껴 먹는 것처럼 고전을 한번 읽어 봅시다.

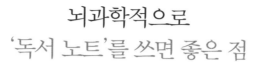

뇌과학적으로
'독서 노트'를 쓰면 좋은 점

책을 읽고 '쓰는' 것이 왜 중요할까요? 책을 읽기만 하기보다 독서 노트를 쓰는 것이 훨씬 좋습니다. 그 이유는 무엇일까요?

첫째, 손으로 쓰는 활동은 뇌 발달에 좋습니다. 유명한 독일의 철학자 칸트는 '손은 바깥으로 드러난 또 하나의 두뇌'라고 했습니다. 실제로 캐나다의 신경외과 의사 와일더 펜필드의 '호먼큘러스homunculus'라는 뇌 지도를 보면 손과 손가락이 뇌의 감각 영역과 운동 영역을 넓게 차지하고 있음을 알 수 있습니다. 즉 손과 손가락을 움직이는 것은 뇌를 자극하여 머리를 좋아지게 하는 것이지요. 만들기, 그리기, 종이접기 등의 손 조작 활동이 뇌 발달에 좋은 이유도 여기에 있습니다. 따라서 책을 읽고 글로 쓰는 것은 뇌를 광범위하게 자극하는 것과 같습니다.

둘째, 책의 내용을 심층적으로 이해하는 데 도움을 줍니다. 『손과 뇌』를 쓴 구보타 기소우는 손을 자주 사용하면 인간의 가장 고차원적인 사고 기능을 담당하는 전두엽이 활성화된다고 하였습니다.

책 내용을 독서 노트에 정리하다 보면 읽을 때는 미처 생각지 못했던 내용이 다시 보이기도 하고, 관련된 재밌는 생각이 떠오르기도 하며, 뒤죽박죽 엉켰던 생각들이 글로 쓰는 과정에서 일목요연하게 정리되는 경험을 할 수 있습니다. 이는 모두 손으로 쓰면서 뇌가 활성화되어 나타나는 효과입니다. 따라서 책을 읽고 글로 쓰는 행동은 책을 깊게 이해하는 데 많은 도움을 줍니다.

세 번째로는 책의 내용을 오래 기억할 수 있습니다. 여러분은 읽은 책을 얼마큼 오랫동안 기억할 수 있나요? 책을 눈으로만 읽을 때 대부분 사람들은 하루가 지나면 70퍼센트 이상 망각합니다. 우리는 매일매일 수많은 정보를 받아들이고 처리하기 때문에 어쩌면 망각은 당연한 일인지도 모릅니다. 하지만 열심히 책을 읽었는데 책 내용이나 느낀 점에 대해 기억이 하나도 나지 않는다면 얼마나 허무할까요? 그렇다면 기억을 좀 더 잘하기 위해서 어떤 방법이 있을까요? 그중 한 가지가 바로 독서 노트를 쓰는 것입니다.

인간은 크게 장기기억과 단기기억이라는 두 가지 기억체계를 가지고 있습니다. 말 그대로 단기기억은 금방 잊히는 기억이고, 장기기억은 나의 삶 속에서 아주 오랫동안 활용되는 형태의 기억입니다. 독서 노트 쓰기는 책 내용을 장기기억의 형태로 가져가는 데 도움을 줍니다. 손으로 쓰면서 뇌가 활성화되고, 쓴 내용을 읽으면서 복습을 하게 되기 때문입니다. 즉 독서 노트를 쓰면서 책 내용이 뇌에 각인되기 때문이지요. 덤으로, 쓴 내용을 오랫동안 보존하고 간직할 수 있습니다.

이렇게 책을 읽고 독서 노트를 쓰면 뇌가 활성화되어, 내용을 심층적으로 이해할 수 있고, 기억도 오래 할 수 있습니다. 인류에 길이 남을 업적을 남겼던 수많은 천재가 기록광이나 메모광이었던 이유도 여기에 있습니다. 우리도 조금씩 기록을 남겨 보면 어떨까요? 아마 오래도록 유익한 경험이 될 것입니다.

<읽은 내용을 장기기억에 저장하는 독서 노트 쓰기법!>

1. 뇌는 반복되는 정보를 장기기억으로 저장한다. = 독서 노트를 꾸준히 자주 쓰는 것이 좋습니다.

2. 뇌는 감정이 담긴 정보를 장기기억으로 저장한다. = 독서 노트를 즐거운 마음으로 쓰면 효과가 높습니다.

3. 뇌는 자신과 관련이 있는 정보를 장기기억으로 저장한다. = 독서를 하면서 자기와 관련이 있거나 경험이 비슷한 부분을 찾아보고 기록합니다.

4. 뇌는 좋아하는 것, 관심이 있는 것을 장기기억으로 저장한다. = 자기가 좋아하는 분야의 책을 읽고 독서 노트에 기록해 봅니다.

읽고 쓰고 메모한
사람들의 비밀

독서 노트 쓰기의 정석, 아이작 뉴턴

뉴턴은 17세기 과학혁명을 주도한 영국의 과학자로 만유인력의 법칙을 발견하였습니다. 산책을 하다가 나무에서 떨어지는 사과를 보고 중력을 발견하였다는 이야기는 누구에게나 익숙한 일화입니다. 하지만 떨어지는 사과를 보고 바로 중력을 발견한다는 것은 있을 수 없는 일이겠지요. 법칙을 발견하기 전까지 그는 치열하게 연구하고 고민하였을 것입니다. 그의 연구와 고민은 지금까지도 그 흔적이 남아 있습니다. 바로 노트입니다. 평생 그는 노트를 손에서 놓지 않았습니다.

그는 45개의 소제목을 만들어서 독서를 통해 배운 여러 지식을 분류하고 정리했습니다. 뉴턴은 이 책과 저 책을 넘나들며 자유롭게 노트를 작성하였습니다. 그래서 어떤 소제목에는 아무런 것도 적혀 있지 않았고, 또 다른 소제목에는 내용이 많아서 다음 장으로 넘어가기도 했습니다.

그가 본격적으로 과학자가 된 뒤부터는 세 가지 노트를 만들었습니다.

첫 번째는 '질문 노트'입니다. 질문 노트에는 그가 책의 저자에게 던지는 질문이 기록되어 있습니다. 그는 책을 단순히 읽기만 하는 데서 끝내지 않고 저자가 하는 말이 옳은지, 그른지, 자신이 무엇을 아는지 모르는지를 능동적으로 생각하며 읽었습니다. 그러면서 파생된 질문을 노트에 옮겨 적은 것이지요.

두 번째로 '문제들'이라는 노트에는 자신이 알게 된 내용을 체계적으로 정리했습니다. 그리고 '잡기장'이라는 노트에는 질문 노트에서 질문한 내용에 대한 자기만의 해답을 썼습니다. 뉴턴은 이 세 가지 노트를 가지고 주요 논문이나 책을 쓰는 데 참고하였습니다.

어떤가요? 그런데 왠지 뉴턴의 노트 쓰는 방식이 익숙하지 않나요? 소제목을 만들고 소제목별 분량에 상관없이 자유롭게 글을 쓰는 것은 우리가 독서 노트를 쓸 때 바인더에 책 제목을 쓰고 이 책, 저 책 넘나들며 한 줄 쓰고 싶은 책은 한 줄, 길게 쓰고 싶은 책은 종이를 한 장 추가해 쓰는 것과 비슷합니다. 뉴턴의 세 가지 노트는, 우리가 책을 읽으면서 ① 궁금한 점과 ② 알게 된 점, 그리고 ③ 나만의 생각을 독서 노트에 기록하는 것과 비슷합니다. 그가 논문이나 책을 쓸 때 노트를 활용하듯이 우리도 생활 속 말하기, 독서 토론, 글짓기에 독서 노트를 활용합니다.

즉 우리가 쓰는 독서 노트는 과학혁명을 주도한 천재 과학자 뉴턴이 쓰던 독서 노트의 방식과 매우 흡사합니다. 세계를 놀라게 한 천재가 단순히 머리가 좋아서 이런 훌륭한 과학적 업적을 남긴 것이 아닙니다. 꾸준히 독서하고 사색하고 자신의 생각을 기록하는 과정에서 훌륭한 연구 결과가 나올 수 있었던 것이지요.

천재 과학자도 열심히 썼던 독서 노트, 우리도 한번 시작해 보는 건 어떨까요? '뚜렷한 기억보다 흐릿한 기록이 오래간다.'라는 말이 있듯이 책을 읽고 나서 받은 생생한 느낌과 감상을 기록으로 남기면 책이 주는 감동을 더 오래 간직할 수 있습니다. 그리고 독서 노트를 쓰다 보면 뒤죽박죽 엉킨 생각이 정리되어 조리 있게 내 의견을 말할 힘이 생깁니다.

500권 저서를 남긴 정약용의 특별한 글쓰기 비밀

'다산 정약용' 하면 수원화성, 거중기, 『목민심서』 등이 떠오르나요? 다산 정약용은 조선 후기의 실학자입니다. 유배 기간 동안 500여 권이라는 방대한 저술을 한 것으로 유명합니다. 그는 유교, 아동교육, 지리, 건축, 의학, 형법, 언어학 등 다양한 분야에 대한 글을 썼습니다. 먼저 그가 어떤 식으로 책을 썼는지에 대해 사례 몇 가지를 살펴볼까요.

첫째, 다산은 9명의 자식 중 6명을 천연두로 잃었습니다. 지금이야 천연두가 무서운 병이 아니지만 당시에는 죽을 수도 있는 큰 병이었습니다. 그는 자식을 잃은 슬픔을 슬픔으로 끝내지 않고 어떻게 하면 천연두로 인한 죽음을 조금이나마 줄일 수 있을까를 고민하였습니다. 이때부터 다산은 63권에 달하는 중국의 천연두 관련 서적을 읽고 필요한 부분을 차분히 정리하기 시작했습니다. 생사를 오가는 긴박한 순간에도 빠르고 쉽게 찾을 수 있도록 다섯 차례나 초고를 바꾸었으며 부록에는 제너의 종두법까지 소개할 정도로 심혈을 기울이고 꼼꼼하게 정리하였습니다. 그 책이 바로 천연두의 치료와 예방법을 담은 12권의 『마과회통麻科會通』입니다.

둘째, 다산은 백성들이 아파도 적절한 약재가 없어 치료를 받지 못하는 점을 안타깝게 여겼습니다. 그래서 그는 수십 권의 의서를 참고하여 손수 내용을 추려 백성들이 알기 쉽고 구하기 쉬운 약재 위주로 시골에서 흔히 보는 병에 대한 간편한 처방을 담은 『촌병혹치村病或治』라는 책도 썼습니다.

셋째, 화성 성곽 설계를 맡은 그는 백성들의 수고를 덜면서도 아름다운 성을 만들고 싶었습니다. 그는 윤경이 지은 『보약堡約』, 유성룡이 지은 『성설城設』 등의 책을 보고 화성 설계에 참고했고 『기기도설器機圖設』이라는 중국 책을 읽고 서양 물리학의 기초 개념과 도르래의 원리를 이용해 무거운 돌을 들어 올릴 수 있는 거중기를 개발했습니다. 기술자 관리, 공사에 필요한 도구, 임금 등 화성 건축에 관련된 정약용의 참신한 아이디어로 완공까지 10년이 예상되었던 공사를 2년 반 만에 마칠 수 있었고 공사비용도 4만냥이나 절약할 수 있었습니다.

넷째, 정약용의 대표 저술로 알려진 『목민심서』 또한 중국과 우리나라의 역사책 내용과 자신의 경험인 암행어사로서 목격했던 백성들의 어려움, 유배 생활 때 알게 된 강진 백성들의 현실 등을 취합하고 엮어서 만든 책입니다.

위 네 가지 사례를 보고 어떤 생각이 들었나요? 다산 정약용은 어떻게 이렇게 많은 책을 쓸 수 있었을까요? 그만의 특별한 비법이 있는 것은 아닐까요?

그는 책을 쓸 때 먼저 주제를 정했습니다. 책의 주제가 정해지면 어떤 내용으로 글을 쓸 것인지 구체적으로 큰 그림을 그렸습니다. 쉽게 말하면 글을 쓰기 전에 개요를 짜는 것입니다. 이렇게 큰 틀을 잡고 나면 주제와 관련된 수많은 책을 살펴보면서 쓸 책에 필요한 내용을 가려 뽑아 일목요연하게 정리하였습니다. 정약용은 평소에 독서를 하며 알게 된 내용이나 떠오르는 생각과 경험을 꾸준히 모았습니다. 이렇게 모아둔 메모 또한 책을 저술할 때 적재적소로 활용하였습니다.

이런 방식으로 정약용은 많은 책을 다른 사람이 보기 쉽고, 활용하기 쉽게 재탄생시켰습니다. 그가 그토록 많은 저술을 남길 수 있었던 또 다른 이유는 책을 통해 백성들을 돕고자 하는 마음이 컸기 때문입니다. 그는 강진 유배 생활 18년 동안 복숭아뼈에 세 번이나 구멍이 나고 눈이 보이지 않아 침침해질 때까지 열정을 다해 집필 작업을 하였습니다. 그는 '어떻게 하면 백성이 행복하고 편하게 살 수 있을까?', '내가 읽은 한 권의 책이 세상 밖에 나와서 어떤 이로움을 줄 수 있을까?'를 치열하게 고민했던 학자입니다.

한 번쯤 시간을 내서 다산 정약용에 관한 책을 읽어 보세요. 많은 감동을 줄 것입니다. 그와 더불어 그의 책 쓰기 비법에 따라 우리도 '글쓰기'에 도전해 보면 어떨까요?

독서 노트를 쓸 때처럼 종이 한 장을 준비합니다. 그리고 쓰고자 하는 글의 주제를 정하고 대략적인 목차를 정합니다. 그리고 관련된 책을 찾아 읽으면서 주제와 연관된 글을 모아 봅니다. 평소에 써둔 독서 노트를 다시 읽어 보며 참고할 만한 내용이 있는지 찾아봅니다. 양질의 자료가 충분히 모였다면 단편적인 자료들을 부드럽게 연결해 한 편의 글을 만듭니다.

어떤가요? 이렇게 글을 쓰면 논리적이면서도 다양하고 구체적인 사례가 들어간 한 편의 글이 완성됩니다. 이렇게 여러 장을 쓰면 책이 되는 것이지요. 게다가 정약용의 저서처럼 나의 책이 다른 사람에게 도움을 준다면 금상첨화겠지요? 다산 정약용은 지금의 우리에게도 글쓰기 비법을 알려 주는 훌륭한 스승님이랍니다.

아주 창의적으로 독서 노트를 쓴 레오나르도 다빈치

"신의 은총이 단 한 사람에게 너무 많이 쏟아져 아름다우면서 심성이 착하며 천재적인 재능까지 모두 갖춘 사람이 바로 레오나르도 다빈치다!"라는 조르지오 바사리의 말처럼 레오나르도 다빈치는 다방면으로 뛰어난 15세기 르네상스 시대의 대표적인 예술가 중 한 사람입니다. '다빈치형 인재'라는 말이 있을 정도로 그는 조각, 건축, 토목, 수학, 과학, 음악에 이르기까지 여러 분야에서 뛰어난 업적을 남겼습니다.

그는 어떻게 이렇게 다방면으로 뛰어난 결과물을 만들어 낼 수 있었을까요? 바로 그의 기록 습관입니다. 평소에 호기심이 많았던 그는 노트를 들고 다니면서 궁금했던 사실들에 대한 아이디어를 기록하고 모았습니다. 그의 노트에는 그림, 설계 도안, 책에서 읽은 내용, 일상 속의 호기심 등 다양한 내용이 섞여 있었습니다. 이렇게 노트에 쌓인 여러 분야의 지식과 새로운 아이디어들은 서로 융합되어 대포, 전차, 비행 기계, 움직이는 다리 등 무수한 발명품으로 이어졌습니다. 특히 사람을 해부한 후 그린 그림과 관련 기록 노트를 보면 마치 인체 백과사전을 보는 듯한 착각을 일으킵니다.

또한 다빈치 노트의 특이한 점은 다른 사람이 쉽게 읽을 수 없도록 노트에 쓰인 글씨가 거울로 보아야 제대로 보이게끔 썼다는 것입니다. 노트에 꾸준히 기록하는 것도 쉽지 않은데 거꾸로 쓰기까지 했다니 매우 흥미롭습니다. 이처럼 경이로운 그의 노트는 현재까지 남아 있는 것만 7,000쪽에 달하며 실제로 쓴 분량은 1만 5,000쪽이 넘는 것으로 추정됩니다.

다빈치는 일상생활 속의 궁금증을 자신만의 방법으로 독특하게 노트 속에 기록하였습니다. 기록은 인간의 수명보다 길다고 하지요? 위대한 천재도 독서 후 생각, 재미있는 생각들을 흘려버리지 않고 기록으로 유의미하게 묶어 두었습니다. 그의 수많은 발명품과 연구 결과, 창조력의 원천은 그의 노트라고 볼 수 있습니다.

우리도 다빈치처럼 일상생활 속뿐만 아니라 책을 읽으면서 드는 재미있는 생각들을 독서 노트에 적어 보면 어떨까요? 꾸준히 쓰는 노트 한 장은 후세 사람들에게 큰 귀감이 되는 글일 수 있습니다. 레오나르도 다빈치처럼 자신만의 독특한 양식으로 독서 노트를 써 보는 건 어떨까요. 독서 노트 양식은 꼭 정해진 것이 아닙니다. 쓰고자 하는 내용에 따라 편한 방식으로 노트를 써 보세요. 기발한 아이디어를 떠올려보고 자신만의 재미있는 노트 쓰기를 한다면 쓰기 자체를 즐기는 계기가 됩니다.

빌 게이츠는 약 36장짜리 필사본 다빈치 노트를 약 340억 원이라는 큰 액수로 사들였습니다. 그의 노트가 그만큼 가치가 있었던 것이지요. 혹시 모르죠. 우리의 독서 노트도 그 가치를 인정받아 후세에 비싼 값에 팔릴지를 말이에요! 기록은 영구적으로 남습니다. 우리가 오랫동안 기록해서 활용할 수 있고 후세에도 좋은 영향을 끼치는 노트! 우리는 그 '노트'를 '독서 노트'로 시작해 봅시다.

재미있는 글쓰기의 귀재, 연암 박지원

박지원은 조선 후기의 북학론을 주장한 대표적인 실학자이자 소설가입니다. 그는 『열하일기』, 『허생전』, 『양반전』 등에서 볼 수 있는 바와 같이 유쾌하고 털털한 성격과 함께 남다른 비판의식으로 글솜씨가 아주 뛰어났습니다.

특히 청나라를 여행하고 기록한 『열하일기』는 그의 재치 있는 필담으로 책을 반도 쓰기 전에 선비들이 서로 돌려보고 베껴 읽어서 조선 시대 최고의 베스트셀러가 되었다고 전해집니다. 박지원은 어떻게 그렇게 재미있는 글을 쓸 수 있었을까요?

『열하일기』를 보다 보면 재미있는 일화가 하나 나옵니다. 여행이 거의 끝나갈 무렵 역관들이 박지원의 방에 모여 간단하게 술자리를 벌였습니다. 박지원은 먼 길을 오느라 입맛을 잃어 그냥 앉아 있는데 주변 사람들이 자꾸 박지원의 불룩한 봇짐을 힐긋힐긋 보더랍니다. 그래서 그는 하인을 시켜 보따리를 사람들에게 보여 주라고 했습니다.

박지원의 봇짐에는 무엇이 나왔을까요, 무엇이 그토록 박지원의 봇짐을 부풀어 보이게 했을까요, 청나라에서 귀한 물건이라도 챙겼을까요?

봇짐을 부풀게 했던 그 물건의 정체는 바로 필담했던 종이와 유람일기였습니다. 사람들은 그제야 궁금증을 풀고는 이렇게 말했다고 합니다. "아닌 게 아니라 갈 적에는 짐이 없더니 돌아올 때 봇짐이 좀 커서 이상타 했지요."

박지원은 여행하면서 가게들의 간판, 사람들의 우스갯소리, 나눈 대화, 경험담. 실수담, 청나라 사람들의 특징, 신문물, 전해오는 이야기 등을 하나도 빠짐없이 기록했습니다. 그러다 보니 갈 때는 짐이 없었는데 돌아올 때는 기록한 종이로 봇짐이 불룩했던 것이지요. 이러한 기록은 나중에 이야기를 쓰는 데 아주 큰 도움이 되었습니다.

박지원처럼 재미있는 글을 쓰고 싶다면 평소에 여러 가지 에피소드를 모아 보세요. 이러한 에피소드를 엮으면 어디에도 없는 특별하고 기막힌 이야기를 쓸 수 있습니다. 하지만 막상 자리 잡고 앉아서 쓰려고 하면 무엇을 어떻게 써야 할지 막막합니다. 책을 읽다가 재미있는 장면, 가슴을 울리는 인용 문구, 책과 관련된 나의 경험 등을 독서 노트에 기록해서 모아두세요. 그러면 훗날 내가 하고 싶은 이야기를 쓸 때 덧붙여 사용할 만한 글감을 독서 노트에서 꺼내 요긴하게 쓸 수 있어요. 독서 노트는 지식의 보물창고니까요.

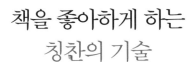

책을 좋아하게 하는
칭찬의 기술

칭찬은 아이들의 독서 동기를 자극하는 데 효과가 큽니다. 효과적으로 칭찬하는 방법에 대해서 몇 가지 살펴볼까요.

첫째, 충분히 많이 칭찬합니다. 칭찬은 아이들에게 자신에 대한 긍정적 자아관을 갖게 합니다. 독서도 마찬가지입니다. 아무리 독서를 잘하는 아이라도 'ㅇㅇ는 벌써 이만큼 읽었는데…'와 같이 비교가 섞인 부정적 피드백은 아이를 의기소침하게 만듭니다. 반면에 보통의 아이라도 독서에 대해 칭찬과 격려와 같은 긍정적 피드백을 충분히 받으면 독서에 자신감이 생깁니다.

둘째, 과정과 노력을 칭찬합니다. "기쁨의 본질은 결과가 아니라 과정에 있다."라는 셰익스피어의 말처럼 어떤 일을 수행할 때 '과정'은 아주 중요한 부분입니다. 결과만 놓고 칭찬하게 되면 아이는 열심히 했는데도 불구하고 안 좋은 결과에 실망할 수 있습니다. 읽은 책의 권수에만 얽매인다거나 독서를 숙제처럼 여기고 누군가 지정해 준 독서만 하려고 할 수 있습니다. 하지만 책을 읽는 과정에서 얻는 즐거움이나 태도를 칭찬해 주면 책 읽는 행위 자체를 강화해 독서를 즐기는 아이가 됩니다.

셋째, 그럼에도 결과에 대한 칭찬도 꼭 필요합니다. 수준보다 어렵다고 생각하는 책을 독파했다면, 독서 노트를 많이 썼다면, 독서대회에서 상을 탔다면, 그 결과에 대해서도 충분히 칭찬합니다. 충분한 노력의 과정에서 맺은 결과물은 아이에게 하나의 성공 경험이 됩니다. 아이에게 자신감을 심어 주기 위해서는 지속적인 성공 경험이 필요합니다. 성공 경험은 다음 단계의 독서에 도전할 힘이 되기 때문에 아주 중요합니다. 성공 경험은 독서에 대한 긍정적인 자아관을 갖는 데 큰 역할을 하기 때문입니다. 독서를 통한 결과가 좋았다면 그 또한 아낌없이 칭찬해 주세요.

넷째, 칭찬은 구체적으로 합니다. 전체적이고 넓은 범위의 칭찬도 효과가 좋지만 이는 누구나 받을 수 있는 칭찬입니다. 하지만 그 아이만의 독특한 점을 찾아서 칭찬하는 것은 아이를 더욱 돋보이게 하고 자부심을 갖게 합니다. 그렇기에 전체적인 칭찬보다 훨씬 효과가 좋습니다. 사소하고 작아 보일 수도 있겠지만 구체적인 칭찬은 아이에 대한 무한한 관심과 신뢰의 표현입니다. 그 아이만 받을 수 있는 보석 같은 칭찬을 찾아서 해줍니다. 그런 칭찬은 아이들 가슴에 깊이 남습니다.

다섯째, 칭찬을 글로 써 주면 더 오래 남습니다. 기록의 힘은 큽니다. 또한 칭찬은 간직할수록 더 좋습니다. 독서 노트에 선생님이 정기적으로 관심을 가지고 좋은 점이나 잘한 점을 댓글로 격려차 남겨 주면 아이들은 더욱 신나서 독서와 독서 노트를 잘 쓰려고 합니다.

책 읽는 아이로 만드는 칭찬 한마디

<전체적인 칭찬>

- 책을 꾸준히 읽는구나. 멋져!

- 책을 열심히 읽는구나. 최고야!

- 다양한 책을 골고루 읽는구나. 대단해!

- 책 내용을 잘 기억하고 있구나. 기특해!

<과정의 칭찬>

- 이렇게 수준 높은 책을 도전하다니 정말 대단하다!

  어렵지만 한번 읽어 보는 것만으로도 너에게 큰 도움이 될 거야.

- 모르는 부분을 책을 찾아서 조사할 생각을 하다니 정말 기특하다.

- 책을 읽고 관련 분야를 스스로 더 찾아보다니 정말 멋지다.

- 책을 읽고 배운 점을 실천하려고 하는 모습이 대견하구나!

- 내용이 슬펐니? 기뻤니? 책을 읽으면서 나타나는 표정을 보니 감성이 풍부하

  구나!

- 꾸준히 책 읽기가 쉽지 않은데 달력에 체크해 가며 해내는 모습이 멋지다.

<결과 칭찬>

- 이 책을 끝까지 다 읽었단 말이야? 멋지다!

- 매 주마다 책을 읽는 양이 꾸준하구나! 독서 습관이 바르게 잡혔어! 최고다!

- 책 내용을 이렇게 잘 정리해서 말하다니, 정말 멋진 발표였어!

- 책의 핵심 포인트를 정확하게 짚어 냈어. 내용을 잘 파악했구나!

- 책을 읽고 그런 참신한 생각을 하다니. 정말 기발하구나!
- 책의 뒷이야기를 그렇게 예상하다니! 상상력이 뛰어나구나!

독서 노트 쓰는 아이로 만드는 칭찬 한마디

<전체적인 칭찬>
- 독서 노트를 꾸준히 쓰는구나. 멋져!
- 독서 노트를 잘 썼구나! 최고야!
- 독서 노트를 적재적소에 잘 활용하는구나. 대단해!
- 독서 노트를 알차게 썼구나! 기특해!

<과정의 칭찬>
- 독서 노트를 꾸준히 쓰는 일이 쉽지 않은데 열심히 하는 모습이 대견하다.
- 독서 노트를 소분류별로 잘 나눠서 모으는구나! 차곡차곡 정리하는 모습이 참 보기 좋아.
- 독서 노트를 쓸 때 질문할 내용을 찾는 모습을 보니 정말 대단해! 위대한 과학자들도 그렇게 연구해서 창의적인 생각을 많이 했단다!
- 책을 읽으면서 독서 노트에 쓸 내용을 미리 포스트잇으로 표시하는구나. 정말 좋은 방법이야. 그렇게 하면 독서 노트를 아주 쉽게 쓸 수 있지.
- 떠오르는 생각을 메모하고 있구나. 순간적인 생각을 붙잡아서 메모하는 것은 아주 중요하고 좋은 습관이란다! 정말 멋져.
- 너의 메모 속에 보물 같은 생각이 숨겨져 있을 거야!

<결과 칭찬>

- 매번 쓸 때마다 독서 노트 내용이 충실해지는 것을 보니 선생님이 참 기뻐!

- 독특하고 새로운 방식으로 독서 노트를 썼구나. 꼭 천재 예술가 레오나르도 다 빈치 같아!

- 글씨를 또박또박 잘 썼다! 독서 노트에 쓴 내용이 눈에 쏙쏙 들어온다. 선생님 눈이 호강하는구나!

- 노트에 생각을 잘 정리해 두었구나. 선생님도 너의 생각에 공감해.

- 이 부분은 정말 창의적인 생각이야. 어떻게 그런 생각을 했니?

- 글쓴이가 말하고자 하는 바를 글로 잘 표현했구나.

- 너의 독서 노트를 읽어 보니 선생님도 그 책을 꼭 읽어봐야겠다는 생각이 든다.

- 인용 글귀와 필사 노트만 이렇게 따로 만든 거야? 정말 너무 예쁘다. 선생님도 탐나는걸!

- 선생님도 읽어 보고 싶다. 한번 빌려 봐도 돼?

<신뢰, 공감, 격려하는 말>

- 책 읽는 너의 모습이 정말 예뻐 보인다.

- 분명 넌 뛰어난 독서가가 될 거야!

- 독서 노트를 꾸준히 쓰면 큰 도움이 될 거야.

- 이건 독서에 푹 빠진 사람들이 공통으로 하는 행동이야!

- 선생님도 그 부분을 읽고 감동했는데. 마음이 통했구나!

- 드디어 책의 진가를 알아봤구나! 정말 기쁘다!

- 드디어 독서 노트의 효과를 느꼈구나! 선생님이 정말 뿌듯해!

- 이렇게 잘하는 모습을 보니 선생님이 가르칠 때마다 보람 있고 힘이나!

- 독서 실력이 향상되는 모습을 보니 선생님도 너무 기뻐!

- 진짜 독서의 즐거움을 깨달았구나! 벌써 그것을 알다니! 우리는 운이 좋아!

- 독서에 열의를 불태우는 모습이 너무 멋져!

〈책과 친구가 되게 하는 명언〉

　신사임당은 평소에 읽은 책 중에서 좋은 글귀를 뽑아 집안의 이곳저곳에 붙여두었습니다. 신사임당의 일곱 자녀는 오며 가며 좋은 글귀들을 자연스럽게 마음에 새기고 배울 수 있었습니다. 시간이 지나 아이들이 글의 뜻을 이해했다고 생각하면 다시 다른 글귀를 붙여 놓아 항상 선현의 말씀을 새기고 실천할 수 있도록 도왔습니다.

　좋은 글에는 힘이 있습니다. 부모가 '책 읽어라'라는 말을 자주 하면 잔소리처럼 들릴 수도 있습니다. 적절하게 독서 명언을 사용해 보는 것은 어떨까요. 독서 명언을 소개하면 '책 읽자'는 말에 신뢰가 부여됩니다. '책 읽자'는 말은 아이가 잘 크기를 바라는 사랑의 마음이 담긴 만큼 좋은 의미로 아이들에게 다가갔으면 좋겠습니다.

　김진수 선생님의 『독서교육 콘서트』에서 소개한 '신사임당 독서법'과 같이 학교에서는 아이들이 등교하면 볼 수 있도록 칠판에 명언을 써 주거나 독서 게시판을 활용할 수 있습니다. 가정에서는 신사임당과 마찬가지로 집에서 오며 가며 볼 수 있는 문이나 통로 벽을 활용하여 게시해도 좋습니다.

　아이들의 독서 지도에 도움이 될 만한 명언과 글귀를 소개합니다. 소개한 명언은 개인적으로도 마음에 와닿았던 글입니다.

　평소에 독서를 하지 않는 사람은 시간적으로나 공간적으로나 자기 하나만의 세계에 감금되어 있다. 그러나 그러한 사람들이라도 손에 책을 들기만 하면 생각조차 하기 어려운 별천지에 있는 자신을 발견할 것이다.
　– 임어당(林語堂, 중국 작가, 문명비평가)

나는 해리포터에 나오는 마법을 믿지 않습니다.
하지만 정말 좋은 책을 읽는다면 마법 같은 일을 경험할 수 있을 거라 확신합니다.
– 조앤 K. 롤링(Joan k. Rowling, 영국의 소설가)

한 권의 책을 읽음으로써 자신의 삶에서 새 시대를 본 사람이 너무나 많다.
– 헨리 데이비드 소로(Henry David Thoreau, 미국 사상가 겸 문학자)

한 인간의 존재를 결정짓는 것은 그가 읽은 책과 그가 쓴 글이다.
– 도스토옙스키(Fyodor Mikhailovich Dostoevskii, 러시아 대문호)

부지런히 메모하라. 쉬지 말고 적어라. 기억은 흐려지고 생각은 사라진다. 머리
를 믿지 말고 손을 믿어라. 기록은 생각의 실마리다. 기록이 있어야 기억이 복원
된다. 습관처럼 적고 본능으로 기록하라.
– 정민(『다산 선생 지식 경영법』 저자)

당신의 인생을 가장 짧은 시간에 가장 위대하게 바꿔 줄 방법은 무엇인가?
만약 당신이 독서보다 더 좋은 방법을 알고 있다면 그 방법을 따르기 바란다.
그러나 인류가 현재까지 발견한 방법 가운데서만 찾는다면 당신은 결코 독서보
다 더 좋은 방법을 찾을 수 없을 것이다.
– 워렌 버핏(Warren Bufeett, 미국의 사업가, 투자가)

남의 책을 많이 읽어라. 남이 고생한 것을 가지고 쉽게 자기 발전을 이룰 수 있다.
– 소크라테스(Socrates, 그리스 철학자)

좋은 책을 읽는다는 것은 지난 몇 세기에 걸쳐 가장 훌륭한 사람들과 대화하는
것과 같다.
– 데카르트(Descartes René, 프랑의 철학자)

누구에게나 정신에 하나의 획을 그어 주는 책이 있다.
– 파브르(Fabre, Jean Henri, 프랑스의 곤충학자)

독서와 마음과의 관계는 운동과 몸과의 관계와 같다.
– 리처드 스틸(Richard Steele, 영국의 수필가, 극작가, 정치가)

새로운 눈으로 옛 책을 보면 옛 책이 모두 새로운 책으로 보인다.
반대로 낡은 눈으로 새 책을 보면 새 책 역시 낡은 책이 된다.
– 손보선(孫寶瑄, 중국 학자)

저자의 지혜가 끝나는 곳에서 우리의 깨달음이 시작된다. 그것이 바로 독서다.
– 장 그르니에(Jean Grenier, 프랑스 철학자)

처음 책을 읽을 때는 한 사람의 친구와 알게 되고, 두 번째 읽을 때는 옛 친구
를 만난다.
– 중국 속담

책 없는 방은 영혼 없는 육체와 같다.
– 키케로(Cicero, Marcus Tullius, 로마의 정치가)

당신에게 가장 필요한 책은 당신으로 하여금 가장 많이 생각하게 하는 책이다.
– 마크 트웨인(Mark Twain, 미국의 소설가)

당신 자신을 책의 일부로 하는 가장 좋은 방법은 책 속에 글을 적어 넣음으로써
이루어진다.
– 모티머 애들러(Mortimer Jerome Adler, 미국 철학자)

나는 재산도 명예도 권력도 다 가졌으나, 생애 중 가장 행복했던 순간은 독서를
통하여 얻었다. 독서처럼 값싸고 영속적인 쾌락은 없었다.
– 몽테스키외(Montesquieu, Charles Louis de Secondat, 프랑스의 사상가)

사귀는 벗을 보면 그 사람을 알 수 있듯이 읽는 책을 보면 그 사람의 품격을 알
수 있다.
– 스마일스(Samuel Smiles, 영국의 저술가)

너의 괴로움을 위로받고 싶을 때는 너의 책에게로 달려가라.
책은 언제나 변함없이 친절하게 너를 대할 것이다.
– T. 플러(영국의 성직자)

기회를 기다리는 것은 바보짓이다. 독서의 시간이라는 것은 지금 이 시간이지 결
코 이제부터가 아니다. 오늘 읽을 수 있는 책을 내일로 미루지 마라.
– H. 잭슨(H.Jackson Brown, 미국의 저술가)

독서는 체험하는 것이 중요하니, 참으로 정밀히 살피고 밝게 분별하여 심신으로
체득하지 않는다면 날마다 수레 다섯 대에 실을 분량의 책을 암송한다 한들 자신
과 무슨 상관이 있겠는가?
– 정조(조선 제22대 왕)

책이 그대의 친구가 되게 하라. 책을 그대의 동반자로 삼아라.
책장을 그대의 낙원으로 삼으며 과수원이 되게 하라. 그 낙원에서 즐겨라.
그리고 향기롭고 좋은 과일을 모아라. 거기에서 꺾은 장미로 그대를 장식하여라.
후추의 열매를 따. 뜰에서 뜰로 옮겨 아름다운 경치를 바꾸어가며 보아라.
그리하면 그대의 희망은 늘 신선하며 그대의 영혼에는 기쁨이 타오를 것이다.
– 이븐 티븐(랍비)

3장

한 장으로 끝내는
독서 노트

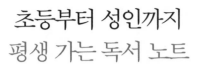

초등부터 성인까지
평생 가는 독서 노트

　초등학교에서 쓰는 독서 기록물을 보면 대체로 낱장으로 쓸 수 있는 학습지 형식입니다. 독서에 관심이 있는 선생님들은 학생별로 예쁘게 정리해서 파일철에 따로 모아 포트폴리오를 만들어 줍니다.

　하지만 문제는 다음 학년이 되었을 때입니다. 일단 다음 학년으로 올라가면 담임선생님이 바뀌고 선생님마다 교육 스타일이 달라 대부분 전 학년에서 만든 포트폴리오는 고스란히 집에 모셔만 두게 됩니다. 물론 아이의 기록물을 소중히 여기는 부모님은 따로 관리하기도 하고 아이들이 스스로 꺼내 보기도 하겠지만 딱 거기까지입니다. 작년의 독서와 올해의 독서가 이어지지 않습니다. 그 이유는 독서 노트 양식이 모두 제각각인 탓이 큽니다.

　독서 노트의 큰 틀은 유지하는 것이 좋습니다. 같은 양식을 유지하면 독서 이력을 지속해서 만들어 나갈 수 있습니다. 또한 독서 노트를 쓰다가 몇 년을 쉬었다고 하더라도 다시 독서 노트를 시작하기가 막막하지 않습니다. 평생 가야 할 독서와 귀중한 기록물을 지속적으로 연계하여 관리하는 것이 중요합니다.

'초등학생의 독서 기록에 통일성 있는 양식이 가능한가?' 하는 의문을 가질 수 있습니다. 하지만 이 독서 노트는 아이들이 책을 읽을 때 막연하지 않고, 어떤 식으로 써나가야 할지에 대해 가이드라인을 잡아 준다는 것이지, 독서 노트 내용을 모두 획일화한다는 것이 아닙니다. 혹여 같은 양식이라 한들 아이에 따라, 책의 내용에 따라 아주 다른 독서 노트가 완성됩니다. 게다가 필요한 항목을 아이 스스로 골라서 쓰는 형태이기 때문에 통일성 있는 양식이라도 아이의 사고를 제한하는 일은 없습니다.

최지은의 『아이디어와 생각 정리를 위한 다빈치 노트』에서도 같은 주장을 찾아볼 수 있습니다.

> 노트를 쓸 때도 같은 규칙, 다시 말해 같은 틀을 꾸준히 사용한다면 오래전에 썼던 노트를 보고도 현재의 내가 노트를 사용하는 방식에 따라 정보와 생각을 가려낼 수 있다. 같은 틀을 오래 이용함으로써 얻을 수 있는 결정적 장점은 미처 덜 쓴 노트의 여백을 앞에 두었을 때 빛을 발한다. 완결되지 않고 여백으로 남은 페이지를 대하더라도 자기 생각이 어디에서 끊어졌는지를 금방 알 수 있어서 얼마쯤 시간이 지났다 해도 펜이 멈춘 그때로 돌아가 사고를 이어갈 수 있다. 노트의 틀이 우리의 분절된 사고를 이어주는 커넥터 역할을 하는 것이다.

서현경과 엄신조의 『독서로 완성하는 학생부』에도 유사한 내용이 나옵니다.

초등 고학년, 중학생 시기의 독서법과 고등학생 시점의 독서법은 크게 다르지 않다. 특목고의 자기주도학습전형이나 학생부종합전형 준비를 위한 독서법이 따로 있는 것이 아니다. 초등학생 시기와 중학생 때부터 쌓아온 독서 포트폴리오가 그대로 고입과 대입을 위한 독서 포트폴리오가 된다는 점을 명심하라. 무엇보다 지속적인 독서 습관과 진정성 있는 독서 활동의 근거를 마련해 두는 것이 중요하다. (…) 독서 기록은 하나의 사실 자료가 돼 활동 과정의 성실함을 뒷받침해 주는 근거 자료가 된다. 따라서 학생부종합전형에서도 큰 힘을 발휘한다. 아이들은 다양한 활동에서 꾸준히 독서 기록을 남기는 것이 중요한데, 독서기록장의 일원화 등 스스로 체계를 갖추지 않으면 실천하기가 쉽지 않다. 하나의 양식으로 통일해서 꾸준히, 지속적으로 기록하기를 권장한다.

두 사례 모두 하나의 양식으로 꾸준히 독서 노트를 작성하는 것을 강조합니다. 자기만의 정해진 규칙으로 독서 노트를 쓰면 나중에 필요한 부분만 골라서 빠르게 훑어보기에도 아주 편리합니다. 또한 가이드라인을 참고하다 보면 '독서 노트를 어떻게 쓰지?' 하고 고민할 필요도 없습니다. 독서 노트 쓰기에 대한 부담감이 줄어들어 책을 읽다가 남기고 싶은 생각이나 글들을 자연스럽게 체크하게 됩니다. 아이들도 같은 양식을 편안하게 느낍니다. 독서 노트를 쓰고 편집하여 분류하고 다시 그것을 활용하는 선순환의 경험을 통해 아이들은 독서 노트를 쓰는 즐거움과 효과를 저절로 느낄 수 있습니다.

독서 노트의 단점은 디지털로 보완

'디지로그digilog'는 디지털digital과 아날로그analog의 합성어로 이어령 교수가 처음 사용한 단어입니다. 독서 노트를 꾸준히 기록하고 모으는 것은 아날로그 방식입니다. 성인은 독서 노트를 디지털 방식으로 쓰든 아날로그 방식으로 쓰든 취향에 맞게 사용하면 됩니다. 하지만 아직 어리고 두뇌 발달이 왕성한 초등학생은 손으로 써보고 기록하고 스스로 편집하는 아날로그 방식이 더욱 좋습니다.

손은 또 하나의 두뇌입니다. 일본의 뇌 과학자 구보타기소우에 따르면 학습할 때는 전두엽이 활성화가 되는데 손을 잘 사용하면 전두엽의 모든 영역이 개발될 수 있다고 합니다. 특히 인체의 뼈는 총 206개인데, 이 중 4분의 1에 달하는 54개가 양손에 있을 정도로 관절이 많아서 세밀하고 다양한 작업을 하는 손의 움직임은 뇌와 풍부한 신호를 주고받을 수밖에 없다는 것입니다. 따라서 초등학생들은 독서 노트를 손으로 쓰는 것을 기본으로 해야 합니다. 사진을 컴퓨터에 저장해 두고 보는 것보다 직접 앨범으로 만들어 손으로 넘기면서 보는 것이 더 실감 나듯이 아이들에게는 실제로 보고 넘기고 만지며 성취감과 애착을 가질 수 있는 아날로그 방식의 독서 노트가 훨씬 더 좋습니다.

하지만 현대 사회는 '디지털 방식'을 무시할 수 없습니다. '아날로그' 노트에는 불편한 점이 있고 '디지털' 노트에는 그것을 보완할 강점이 있습니다. 예를 들어 아날로그 노트는 검색이 어렵습니다. 이미 기록했던 독서 노트에 대한 관련 키워드를 찾으려고 하면 따로 인덱스를 붙여 놓았다 하더라도 한 장 한 장 넘기면서 찾아야 합니다.

　이를 보완할 수 있는 것이 '디지털'입니다. 즉 사진을 찍어 두거나 스캔하여 블로그나 에버노트, 독서 앱 등에 저장해 놓는 것입니다. 키워드에 태그를 걸어 두면 검색할 때 관련 키워드를 쉽게 검색할 수 있습니다. 또한 온라인에 독서노트를 올리면 다양한 사람들과 책 내용을 가지고 소통할 수 있습니다. 소통을 통하여 독서 노트 쓰기에 대한 피드백을 받을 수도 있습니다. 자신이 읽은 책에 대한 다른 독서 기록을 마주할 때 아이들의 생각은 더욱 확장되고 더 넓은 세계와 소통할 수 있습니다. 이러한 배움의 기회, 그리고 영구적으로 독서 노트를 보관하고 관리할 수 있는 장점을 놓치기 아깝습니다.

　요컨대 독서 노트는 아날로그 방식을 기반으로 하되 디지털 방식도 충분히 활용합니다. 인터넷상의 소통으로 독서 노트의 진가를 더욱 발휘할 수 있도록 두 마리 토끼를 다 잡아 보세요!

형식에 구애받지 않고
A4 한 장으로 끝!

초등학교에서 쓰는 유인물과 활동지는 생각보다 많습니다. 가정 통신문도 있고 과목별로 선생님의 재량에 따라 준비해야 할 학습 자료도 많습니다. 선생님도 부모님도 모두 바쁩니다. 여기에 독서 노트를 따로 인쇄하는 수고를 덜기 위해 간편하게 A4 용지 한 장에 적을 수 있는 독서 노트를 만들었습니다.

독서 노트를 A4 용지에 쓰는 이유는 아이의 유연한 사고력을 키우기 위해 정형화된 틀을 피하기 위해서입니다. 기존의 독서 활동지를 보면 대부분 각 항목당 칸이 나누어져 있습니다. 글을 쓰다 보면 쓸 내용이 많아서 주어진 칸을 넘길 때도 있고 별로 쓸 말이 없는데도 칸이 많이 남아서 은근히 고민될 때가 있습니다.

설문지나 다른 일반 기록지 같으면 아무 상관이 없지만 개인이 쓰는 자신만의 독서 노트를 굳이 타인이 만들어둔 칸에 맞출 필요가 있을까요? 만들어진 칸에 쓰는 것이 아니라 아이들이 쓰면서 직접 칸을 나누면 됩니다. '독서 준비' 단계에서 쓸 말이 많다면 앞부분의 내용을 많이 쓰고 독서 단계에서 감동한 문장이 많다면 '읽기 중' 부분이 두 쪽 세 쪽이 될 수도 있습니다. 별로 쓸 내용이 없는 책은 반 페이지로 끝낼 수도 있습니다. 이렇게 아이가 조절할 수 있도록 독서 노트에 자유를 주어야 합니다. 독서 노트의 빈 공간은 아이들에게 자유롭게 사고할 여유를 줍니다. 제가 제안하는 독서 노트 또한 A4 백지 한 장이면 충분합니다.

주제별로 정리하면 일목요연하다

A4 용지에 정성스럽게 쓴 독서 노트 낱장들을 어떻게 관리하면 좋을까요? 독서 노트를 쓰는 방식은 '일반적인 노트(공책)'와 '바인더'로 크게 나눌 수 있습니다. 두 가지 모두 장단점이 있습니다.

노트는 휴대성이 좋습니다. 크기가 크지 않기 때문에 가방에 쏙 넣어서 들고 다닐 수 있습니다. 또한 자신의 취향에 맞는 예쁜 디자인으로 고를 수도 있습니다. 반면 한 번 쓰고 나면 쓴 자리를 옮기기가 어렵습니다. 또한 중간에 더 쓰고 싶은 내용이 생겼을 때 내용을 덧붙이거나 수정하기가 번거로운 단점이 있습니다.

노트에 반해 바인더는 편집하기가 쉽습니다. 주제별로 분류할 수 있고 필요한 부분만 뽑아서 보거나 새로운 항목을 만들어 재분류할 수도 있습니다. 다만 크기가 커서 휴대성이 떨어지는 단점이 있습니다.

노트와 바인더의 장단점을 살펴보면, 노트보다는 바인더가 적합합니다. 아이들은 무작위로 책을 읽습니다. 상황에 따라 이 책과 저 책을 동시에 읽기도 합니다. 독서 노트에 여러 가지 책을 읽은 순서대로 연결해서 쓰기보다 바인더에 주제별로 분류해 가며 쓰는 것이 더 생산적입니다.

예를 들어 지금 읽은 책이 '관심사'와 관련된다면 '관심사' 쪽으로, '진로'와 관련된다면 '진로' 쪽으로 분류합니다. 읽은 순서와 관계없이 계통과 체계를 가지고 정리해 나갈 수 있습니다. 정리해 놓고 보면 나의 관심사나 진로가 어떤 식으로 바뀌어 가는지 나만의 스토리를 한눈에 파악할 수 있습니다.

또한 몇 년 후에 같은 책을 또다시 읽을 때도 이전에 읽었던 책 뒤에 같이 끼워놓고 감상이나 생각이 어떻게 달라졌는지 비교해 볼 수도 있습니다. 추가로 보충할 사항이 있으면 새 종이에 적어서 끼워 넣으면 그만입니다. 초등학교 특성상 독서와 관련된 다양한 학습지 활동도 많이 하므로 대분류에 맞게 같이 끼워 넣으면 더없이 훌륭한 독서 노트가 됩니다.

정민의 『책벌레 메모광』에 보면 옛날 선조들 또한 책을 읽고 중요한 문장이나 느낌을 메모해 항아리나 궤짝 같은 상자에 보관했다가 분류하여 체계를 갖춘 한 권의 책으로 묶었습니다. 요즘 말로 하면 컴퓨터 파일을 폴더별로 나누어 정리했다는 말입니다. 정민 교수는 덮어 놓고 적기만 할 게 아니라 계통과 체계를 가지고 적으면 그 효과가 배가된다고 강조합니다.

독서 노트는 쓰는 것도 중요하지만 편집도 그만큼 중요합니다. 편집을 어떻게 하느냐에 따라 아예 다른 내용이 되기도 합니다. 독서 노트를 쓰는 것뿐만 아니라 이를 편집한다는 것 자체가 아이에게 독서 노트 쓰기에 대한 주도성을 심어 줄 수 있습니다. 그리고 자신이 어느 분야의 책을 얼마큼 읽었는지 쉽게 파악할 수 있는 장점도 있습니다.

홍현수의 『운명을 바꾸는 노트의 힘』에 이런 사례가 나옵니다.

2014년 6월 벨기에 브뤼셀에서 G7이 열렸다. 이 자리에서 7개국 정상들이 원탁에 둥글게 모여 회담하는 장면이 사진에 포착된 적이 있다. 오바마의 뒷모습도 보이고, 독일 총리 메르켈과 일본의 아베도 보인다. 국가 수장들의 모임이라기에는 원탁이 협소하여 마치 친목회 하는 듯한 느낌이다. 그런데 더 흥미로운 건 참석자들은 하나같이 바인더를 들고 와서 펼쳐 보거나 혹은 테이블 위에 올린 채 대화를 나누었다는 사실이다. 세계 정상들이면 뭔가 최첨단 스마트 기기를 쓸 것 같지만 내 눈으로 확인한 그들의 회담 사진은 진실을 담고 있다. 모두 바인더를 들춰 보며 회의에 임한다.

이재영의 『탁월함에 이르는 노트의 비밀』에는 이탈리아 최고 물리학자 엔리코 페르미가 자신의 기록들을 어떻게 저장하고 활용했는지가 소개되어 있습니다.

그는 자신의 기억이 감퇴할 것을 보완하기 위해 인공 메모리를 만들었다. 그는 이 메모리를 오래도록 보관했다. 매우 중요한 연구논문들, 문헌에서 찾은 수치들, 바인더 노트에 명확하게 계산하여 쓴 자신만의 육필 논문 원고들을 모았다. 이들은 모두 번호가 매겨지고, 상호 참조를 하도록 만든 다음 캐비닛에 저장했다. 그리고 이를 그가 들고 다니는 노트에 색인화하였다. 그가 어떤 주제에 대하여 말할 필요가 생기면 그는 자신의 색인 노트를 뒤적인 다음, 몇 분이 안 돼 자신이 갈무리한 중요한 지식을 술술 꺼내는 것이다.

두 사례에서 볼 수 있듯이 자신만의 자료로 새롭게 재구성하여 지식을 적극적으로 활용하고 있습니다. 우리 아이들도 조금씩 축적되는 독서 노트를 대 주제별로 정리해 보는 습관을 들이면 성인이 되어서도 체계적인 자료 정리 습관을 기르는 데 아주 큰 도움이 됩니다.

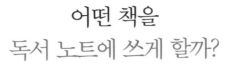

어떤 책을
독서 노트에 쓰게 할까?

실질적인 독서 노트를 쓰기에 앞서 '어떤 책을 독서 노트에 쓰게 할 것인가'를 생각해야 합니다. 아이들은 자유롭게 책을 골라 읽겠지만 선생님이나 부모님이 대주제를 정해 주면 좋습니다. 신사임당은 아들 율곡 이이에게 소모적인 독서를 피하기 위한 유용한 방법으로 기초, 전공, 심화 과목으로 나누어 책을 읽혔다고 합니다.

저는 앞으로 아이들의 독서 이력과 포트폴리오에 도움이 될 수 있도록 독서 노트에 쓸 책을 크게 세 가지로 분류하였습니다. 신사임당의 대주제와 마찬가지로 취미와 관심사(기초) 진로(전공), 부모님과 선생님의 추천도서(심화 과목)입니다. 이는 일종의 독서 노트의 대분류, 큰 인덱스라고 보면 되겠습니다.

이렇게 관심사, 진로, 추천도서 세 가지 주제로 분류하여 아이들에게 책을 읽히다 보면 분명 자기가 어느 주제의 독서를 많이 하는지 바인더에 끼우면서 느낍니다. 정리하면서 상대적으로 장수가 채워지지 않은 부분은 더 보충하고 싶은 마음이 듭니다. 따라서 주제별 분류는 골고루 독서를 하는 데 도움이 됩니다.

분류 1. 취미나 관심사

쉽게 말하면 '자기가 읽고 싶은 책'입니다. 아이들이 읽고 싶은 모든 책이 다 들어갑니다. 이렇게 읽다 보면 아이마다 소분류가 자생적으로 생겨납니다. 자연스럽게 소분류가 생겨나게 하는 방법으로, '꼬리에 꼬리를 무는 책 읽기'와 '같은 주제의 책 찾기', '같은 작가의 책 찾기' 등이 있습니다.

예를 들어 로알드 달의 『마틸다』에는 마틸다가 읽은 수많은 명작이 나옵니다. 아이들은 그 책을 읽다가 마틸다가 읽었던 헤밍웨이의 『노인과 바다』나 조지 오웰의 『동물농장』과 같은 명작에 관심을 가질 수도 있습니다. 혹은 책이 너무 재미있어서 '로알드 달'이라는 저자가 쓴 다른 책이 궁금해질 수도 있습니다. 그로 인해 『찰리와 초콜릿 공장』 같은 주옥같은 작품을 읽는 계기가 됩니다.

즉 '마틸다가 읽은 명작'이라는 소주제가 생기기도 하고 '로알드 달'이라는 저자 이름으로 소주제가 생길 수도 있습니다. 꼬리에 꼬리를 무는 책 읽기는 자연스럽게 아이들의 호기심을 따라갑니다. 이 방식은 능동적으로 책을 읽게 합니다. 호기심이 그 방면의 꼬마 전문가를 만들기도 합니다. 기록만 잘 해두면 아이의 독서 스토리가 자연스럽게 드러납니다.

그런데 "선생님, 저는 취미나 관심사가 없어요."라고 말하는 친구도 있습니다. 맞습니다. 취미와 관심사라는 것이 워낙 시시각각 바뀌고 사실 정해진 취미 없이 두루두루 다 좋아하는 아이도 있습니다. 그리고 정말로 아무런 관심사도 의욕도 없는 아이도 있습니다. 막연하게 책을 고르라고 하면 매일 보는 만화책만 찾을 수도 있습니다. 이럴 때는 큰 주제를 정해 줍니다. 도서관 도서 분류표[KDC]를 제시해 주고 주제 하나를 고르라고 합니다.

〈도서 분류표〉

000 총류	**100** 철학	**200** 종교	**300** 사회과학	**400** 자연과학
010 도서학,서지학	110 형이상학	210 비교종교	310 통계학	410 수 학
020 문헌정보학	120 인식론,인과론,인간학	220 불 교	320 경제학	420 물리학
030 백과사전	130 철학의 체계	230 기독교	330 사회학,사회문제	430 화 학
040 강연집,수필집,연설문집	140 경 학	240 도 교	340 정치학	440 천문학
050 일반연속간행물	150 동양철학,사상	250 천도교	350 행정학	450 지 학
060 일반학회,단체,협회,기관	160 서양철학	260 신 도	360 법 학	460 광물학
070 신문,언론,저널리즘	170 논 리 학	270 힌두교,브라만교	370 교 육 학	470 생명과학
080 일반전집,총서	180 심 리 학	280 이슬람교(회교)	380 풍속,예절,민속학	480 식물학
090 향토자료	190 윤리학,도덕철학	290 기타 제종교	390 국방,군사학	490 동 물 학
500 기술과학	**600** 예술	**700** 언어	**800** 문학	**900** 역사
510 의 학	610 건축물	710 한국어	810 한국문학	910 아시아
520 농업,농학	620 조각,조형예술	720 중국어	820 중국문학	920 유 럽
530 공학,공업일반,토목공학,환경공학	630 공예,장식미술	730 일본어,기타아시아제어	830 일본문학,기타아시아문학	930 아프리카
540 건축공학	640 서 예	740 영 어	840 영미문학	940 북아메리카
550 기계공학	650 회화,도화	750 독 일 어	850 독일문학	950 남아메리카
560 전기공학,전자공학	660 사진예술	760 프랑스어	860 프랑스문학	960 오세아니아
570 화학공학	670 음 악	770 스페인어,포르투갈어	870 스페인,포르투갈문학	970 양극지방
580 제 조 업	680 공연예술,매체예술	780 이탈리아어	880 이탈리아문학	980 지 리
590 생활과학	690 오락,스포츠	790 기타제어	890 기타제문학	990 전 기

위 주제 중에서 마음에 드는 분야 하나를 고른 후 도서관의 해당 코너에 갑니다. 막연하게 도서관에서 책을 선택하기보다 자신이 조금이라도 끌리는 소주제와 관련된 책을 고르는 것이 도움이 됩니다. 그러다 그 주제에 빠질지도 모릅니다. 영국의 유명한 SF 작가 닐 게이먼도 어릴 때 어린이 도서관의 색인 목록카드를 좋아했다고 합니다. 색인 목록카드를 통해 책의 주제 분류를 알 수 있어서였기 때문입니다. 책을 선택할 때 '주제'가 중요한 역할을 합니다.

저도 '좋은 수업'이라는 주제를 가지고 초등 학급 운영과 관련된 책을 찾아보았습니다. 교육 관련 서적이 모여 있는 도서 분류표 370번대로 갔습니다. 그곳에 꽂힌 책들의 제목을 꼼꼼히 훑어보는데 갑자기 평소에는 느낄 수 없는 감정이 솟아오르며 소름이 돋았습니다.

'초등교육과 관련하여 이렇게 많은 사람이, 이렇게 많은 고민을 하고, 이렇게 많은 책을 썼구나!', '교육' 중에서도 '초등교육', '초등교육' 중에서도 '학급경영', '학급경영' 중에서도 '노트 쓰기'나 '독서 연관 수업' 등으로 세분화하며 다양한 선생님들의 수업 방식을 비교하고 공부해 보면서 그에 대한 재미와 관심도 새록새록 생겨났습니다. 책을 읽다 보니 생각지도 않고 있던 분야도 알게 되었습니다. 그러다 보니 더 궁금한 게 많아지고 새로운 주제에 대해서 더 파고들어 알고 싶다는 생각을 했습니다. 단지 책을 스치듯 보는 것과 주제를 정하고 보는 것에는 큰 차이가 있었습니다.

이미 취미나 관심사가 있는 아이들은 인터넷이나 도서관 사이트에서 주제 키워드를 검색하여 책을 찾을 수 있도록 안내합니다. 취미나 관심사가 없다고 하는 아이들은 도서 분류표를 활용하여 관심이 가는 소주제를 정하고 책을 고를 수 있도록 지도합니다.

분류 2. 진로

초등학생들은 '진로를 정하는 단계'라기보다는 '진로를 탐색하는 단계'라고 볼 수 있습니다. 진로를 '직업'으로 한정해서 생각하기보다는 내가 미래에 무엇을 하고 싶은지, 어떤 것에 의미를 두고 싶은지에 대해 생각해 보는 넓은 의미의 '진로 탐색'입니다.

크게 직업에 관한 책과 미래에 내가 하고 싶은 일을 할 수 있게끔 해주는 책을 선정하도록 합니다.

먼저 직업에 관한 책을 살펴볼까요. 초등학생들에게 장래희망을 물어보면 파티셰, 프로게이머, 유튜버, 웹툰 작가 등 미디어의 영향으로 시기에 따라 인기 있는 직업에 약간씩 유행이 있지만 대체로 과학자, 교사, 경찰관, 의사, 공무원, 외교관 등과 같이 비슷한 편입니다. 이는 실질적으로 아이들이 접하는 직업이 다양하지 않기 때문입니다. 따라서 다양한 직업군에 관한 책을 살펴볼 기회를 제공하는 것이 좋습니다.

그리고 꿈을 구체화할 필요가 있습니다. '과학자'도 '의사'도 '교사'도 모두 전공과 분야에 따라 모습이 아주 다릅니다. 관심 있는 직업이 있다면 그 직업에 대해 따로 세분화하여 안내된 책을 찾아봅니다. 지금은 4차 산업혁명기입니다. 없어지는 직업도 많고 새로 생기는 직업도 많습니다. 4차 산업혁명이나 미래 직업과 관련된 책을 함께 찾아보고 이야기를 나눌수도 있습니다. 그리고 위인전을 통해 자연스럽게 다양한 직업군에 관한 관심을 고취하는 것도 좋습니다.

'미래에 내가 하고 싶은 일을 할 수 있게끔 해주는 책 찾기'도 의미 있는 진로 활동입니다. 일종의 '버킷리스트를 이루기 위한 책 읽기'입니다. 미래에 대한 계획은 불현듯 찾아옵니다. 수업 중에 우연히 본 도시의 풍경 사진을 보며 '아, 저기는 내가 크면 꼭 가보고 싶다.'라고 생각할 수도 있습니다. 또는 위인전을 읽다가 '나도 누군가에게 봉사하는 삶을 살고 싶다.'라고 생각할 수 있습니다. 하고 싶은 것을 쫓아가다 보면 꼭 직업까지는 아니더라도 위의 생각들을 실천하고 즐기는 삶을 살 수 있습니다.

예를 들어 미래 버킷리스트에 '세계여행'이 있을 수 있습니다. 어느 나라부터 여행하고 싶은지, 여행하기 위한 교통편은 어떠한지, 그 나라에 유명한 것은 무엇인지에 대하여 책을 찾아보고 구체적으로 조사할 수 있습니다. 요즘 초등학생들의 주된 관심사인 유튜브 크리에이터가 되고 싶다면 유튜브에 올리기 위한 동영상 편집은 어떻게 하는지, 어떤 콘텐츠를 올리고 싶은지에 대한 책을 찾아볼 수 있습니다.

아이들에게 모든 가능성을 열어주고 책 읽기에 대해 설렘을 느낄 수 있게 한다면 얼마나 좋을까요? 지금 읽는 책이 앞으로 활용 가능성이 크다고 생각하면 아이들은 책을 더 즐겁게 읽습니다. "쓰면 이루어진다."라는 말이 있듯이, 하고 싶은 일을 책을 통해 조사하며 독서 노트를 통해 되새기면 실제로 이루어질 확률이 높아집니다.

분류 3. 추천도서

다소 흥미와 관심 위주로 치우칠 수 있는 독서에 새로운 바람을 불어넣기 위한, 즉 양서를 접할 기회를 주는 것입니다. 그런데 '좋은 책'이란 무엇일까요? 아이에게 맞는 책이라는 것은 무엇일까요? 사실 저도 이러한 고민에 대한 답을 찾기 위해서 나름대로 생각을 많이 했습니다.

학부모와 면담하면서 "선생님, 우리 아이에게 맞는 좋은 책 좀 추천해 주세요."라고 질문을 받으면 사실 대답하기가 매우 어렵습니다. 학생에 따라서 좋은 책에 대한 기준이 다르기 때문입니다. 솔직히 저도 아이에게 좋은 책을 읽히고 싶은 의욕이 많은 편이라 여러모로 노력했습니다. '어린이 도서관에 있는 책을 모두 읽어 봐야지!'라는 마음을 가지고 어린이 도서관에 눌러앉아 하루 종일 책을 읽은 적이 있습니다. 물론 3일 만에 포기했습니다. 아동도서를 만만하게 봤는데 생각보다 그 양이 엄청났습니다. 하지만 마구잡이로 읽는 와중에도 저의 가슴을 울리는 책이 많았습니다. 특히 엘렌 델포르주의 『엄마』라는 그림책을 볼 때는 도서관 한쪽에서 몰래 눈물을 훔치기도 했습니다.

도서관에 있는 책은 사실 다 좋습니다. 하지만 그 많은 책을 다 읽을 수 없기에 기관에서 인정해 준 학년별 필독 도서에 관심이 가게 마련입니다. 저는 학년별 필독 도서에도 도전했습니다. '이 필독 도서를 다 독파해서 아이들에게 맞는 책을 제공해 줘야겠다.'라는 대단하고 꽤 거창한 결심과 함께 말입니다. 역시 필독 도서에 파묻혀서 며칠 읽다가 또 한계를 느꼈습니다. 이조차도 너무 많더군요. 필독 도서도 신간이 워낙 많은 터라 해마다, 제공하는 기관마다 수록 도서가 달랐습니다. 무엇보다 '아이의 상황에 맞는 책 제공'이라는 목표 자체가 '가능은 한 걸까?'라는 회의가 들었습니다. 신이 아닌 이상 아이의 상황과 마음속을 제가 일일이 알 수는 없는 노릇이거든요.

하지만 이번이 마지막이라는 심정으로 저는 한 번 더 머리를 굴렸습니다. 이 필독 도서 목록을 자세히 들여다보면(책을 다 읽지는 못했지만 열심히 들여다는 봤습니다!) 그중에 유난히 겹치는 책들이 보였습니다. 겹치는 목록을 보며 또 그런 생각이 들었습니다. '그래, 여기서 겹치는 책부터 분석해서 읽어야겠다.' 하고 말이지요. 그래서 여러 군데의 필독 도서를 모아서 분석했습니다. 그러다가 겹치는 책의 공통점을 알아냈습니다. 사실 별거는 없습니다. 물론 최근에 와서 유명해진 책도 있지만 대부분 겹치는 책은 제가 초등학교 다닐 때부터도 귀에 못이 박이게 많이 들어본 책입니다.

즉 고전, 명작, 수상작입니다. 간단히 예를 들어보면, 『아낌없이 주는 나무』, 『어린 왕자』, 『몽실 언니』, 『탈무드』, 『톨스토이 명작』, 『안네의 일기』, 『모모』, 『강아지 똥』 등입니다. 이 중에서 들어보지 않은 책은 거의 없을 것입니다. 수많은 세월이 양서임을 증명해 주는 책입니다.

개인적으로 읽어 보고 좋았던 책을 추천해 주기는 쉽습니다. 그런데 '선생님으로서' 책을 추천해 주는 것은 어렵습니다. 개정 교육과정에 도입된 '온작품 읽기'를 위해 '어떤 책을 아이들과 함께 읽을 것인가'에 대해서도 선생님들은 고민이 아주 큽니다. 함께 읽기 때문에 아무래도 개인적으로 선호하는 책보다는 기관이나 세월을 통해 검증된 책을 선정할 때가 많습니다.

따라서 저는 선생님 추천도서로 고전, 명작, 유명한 작가의 단편집, 그리고 수상작으로 최종 정리해 보았습니다. 선생님 추천도서에 대해서는 뒤에 자세히 나옵니다. 해마다 새롭게 나오는 신간 추천도서 목록은 '행복한 아침독서'나 '어린이도서연구회' 등 여러 기관에서 매해 업데이트하고 있으니 다운로드하여 활용하기 바랍니다.

제대로 책을
읽게 하는 방법

학교 현장에서 보면 책을 열심히 읽고 책도 좋아하는데 학습능력은 그리 좋지 않은 아이들이 있습니다. 도대체 왜 그럴까? 항상 궁금했습니다. 책을 좋아하면 학업성적도 좋아야 하는데 그렇지 않은 아이들이 많으니 말입니다. 그런데 공부를 잘하거나 유난히 쓴 글이 돋보이는 아이들은 책을 좋아하는 경우가 대부분이었습니다. 책을 많이 읽는 아이는 확실히 글이 남다릅니다. 책을 읽는다고 다 학습능력이 좋은 것은 아니지만 잠재된 학습능력이 좋은 아이는 대부분 책을 가까이하였습니다. 필요충분조건이 성립하지는 않지만 책과 학습능력은 분명 연관이 있음이 틀림없습니다.

그렇다면 책을 읽되 어떻게 읽어야 학습능력에도 좋은 영향을 미칠 수 있을까요? 영국의 철학자 존 로크는 "독서는 다만 지식의 재료를 공급할 뿐이며, 그것을 자기 것이 되게 하는 것은 사색의 힘이다."라고 말하였으며, 영국의 정치가 에드먼드 버크는 "생각하지 않고 읽는 것은 씹지 않고 식사하는 것과 같다"라고 하였습니다. 책을 읽을 때 사색이 얼마나 중요한지 말하고 있습니다.

조선 후기 학자 윤휴의 독서록 서문에는 책을 읽을 때 '생각'과 함께 '기록'의 중요성도 강조합니다.

공부하는 사람은 책을 읽을 때 생각이 없으면 안 된다. 생각해야만 얻을 수 있고 생각하지 않으면 얻지 못한다. 생각이 있다면 기록하지 않을 수가 없다. 기록해 두면 남아 있고, 기록해 두지 않으면 없어지고 만다. 생각을 기록으로 남겨, 이를 또 생각해서 풀이하면 지혜가 자라나고 언행이 툭 터지게 된다. 이렇게 하지 않으면 지혜가 없어지고 언행이 꼭 막혀서 비록 얻었더라도 반드시 다시 잃고 만다.

따라서 제대로 된 책 읽기에서 가장 중요한 점은 생각하면서 읽는 것입니다. 그리고 그 생각을 대화와 기록을 통해 확장하는 것입니다. 지금 읽는 책이 어떤 내용일지 궁금증을 가진 후에 전체를 먼저 훑어보고 한 줄 한 줄 의미를 파악하며 읽고 그 내용을 기록하는 것은 제대로 된 책 읽기의 첫 단추입니다.

물론 독서에 있어서 발췌독이나 속독이 필요할 때도 있으나 학습능력과 직접적인 관련이 있는 사고하는 힘을 기르기 위해서는 정독이 중요합니다.

방법 1. 대화

제대로 된 책 읽기를 도와주는 방법, 즉 책을 읽으며 생각을 많이 하게 하는 방법에는 크게 '대화'를 통한 것과 '글'을 통한 것, 두 가지가 있습니다.

대화를 통한 방법 중에 '하브루타'가 있습니다. 하브루타란 히브리어로 '친구'라는 뜻으로『탈무드』를 읽고 두 사람씩 짝을 지어 질문하고 토론하는 유대인 전통의 학습법입니다. 부모님이나 선생님은 정해진 답을 아이에게 알려 주지 않습니다. 아이는 질문을 통해 궁금증을 해결하는 방법을 찾아봅니다. 꼬리를 무는 질문과 대화로 스스로 답을 찾아가는 활동입니다. 이를 통해 아이들은 자연스럽게 지식을 얻을 수 있습니다. 하브루타의 장점은 친구와 부모와의 질문과 토론을 통해 같은 책이라도 다양한 시각과 견해가 있음을 배울 수 있습니다.

두 번째로는 '독서 토론'이 있습니다. 독서 토론이라고 하면 대부분 어떤 논제에 대하여 찬성과 반대로 나누어 근거 자료를 조사하여 발표하는 논쟁식 토론 수업을 떠올리기 쉽습니다. 하지만 독서 토론은 넓게 이야기하면 같은 책을 읽고 친구들과 자유롭게 발표하며 이야기를 나누는 것입니다. 하브루타와 마찬가지로 독서 토론 또한 이야기를 나누는 경험을 통해 혼자 책을 읽는 것보다 더 깊이 있게 책을 읽을 기회를 제공합니다.

대화를 통해 아이들의 깊은 생각을 유도하는 수업은 단순히 책을 읽기만 했을 때와는 비교할 수 없을 만큼 큰 효과를 발휘합니다. 마치 소크라테스나 공자가 제자들과 문답을 하면서 제자들이 스스로 진리를 깨닫도록 하는 것과 같습니다.

다만 하브루타나 독서 토론과 같이 '대화를 통한 수업'에서 어려운 점은 진행자의 역량이 영향을 미친다는 것입니다. 수업의 성패가 선생님의 자질과 질문의 질에 따라 차이가 납니다. 사실 아이들에게 질 높은 질문을 하려면 선생님도 심적 부담이 큰 것이 사실입니다. 'why'형 질문이 익숙한 유대인과는 달리 우리나라 사람들은 답이 정해져서 나오는 'what'형 질문에 익숙합니다. 그렇기에 선생님들도 열린 질문에 익숙하지 않습니다. 만약 선생님이 준비 없이 평소 습관대로 'What'형 질문을 한다면 표면적인 책 읽기에 그칠 수 있습니다. 그리고 질문을 통해 파생되는 또 다른 질문에 대한 답을 어떤 식으로 선생님이 유도하느냐에 따라 수업의 결과가 아예 다르게 나타나기도 합니다. 따라서 다룰 책에 대해 선생님이 미리 읽고 어떤 질문을 할 것인지, 예상되는 질문은 무엇인지에 대해 준비해야 합니다.

책을 매개로 한 '대화'와 '쓰기'는 서로 단절된 활동이 아니라 상호 보완적인 관계입니다. 대화하고 나면 글이 잘 써지고, 글을 쓰고 나서 대화를 나누면 이야기가 논리 정연해지기 때문입니다. 따라서 이 두 측면을 상황에 따라 자연스럽게 활용하면 됩니다.

이 책은 선생님의 입장에서 좀 더 일관적으로 적용할 수 있는 방법을 모색하고 있으므로 대화를 통한 독서 활동보다는 쓰기를 통한 독서 활동을 중점적으로 다루었습니다.

방법 2. 쓰기

쓰기는 생각하는 힘을 키워 줍니다. 그저 물 흐르듯이 흘러가기 쉬운 독서에 때때로 쓰기를 곁들이면 생각의 과정을 한눈에 볼 수 있어 머릿속이 깔끔하게 정리됩니다. 독서를 하면서 생긴 복잡한 생각들을 바깥으로 꺼내는 활동을 통해, 알고 있는 부분은 더 확실히 하고 잘 모르거나 부족한 부분은 보충할 수 있습니다. 즉 쓰기를 통해 우리는 논리정연한 생각을 할 수 있습니다.

제대로 된 책 읽기를 위해 '한 줄 쓰기'부터 시작하여 '한 편의 완성된 글 쓰기'까지 다양한 쓰기를 활용할 수 있습니다. 많은 책에서 이를 소개하는데, 오정남의 『기적의 한 줄 쓰기』, 신정철의 『메모 독서법』, 박상배의 『본깨적』, 김병완의 『초서 독서법』, 임재성의 『질문하는 독서법』, 이정균의 『초등 출력 독서』, 김윤정의 『독서록 전쟁』, 김민영, 정지연, 권선영의 『생각 정리 공부법』, 서현경, 엄신조의 『독서로 완성하는 학생부』, 복주환의 『생각 정리 스킬』, 서정현의 『읽었으면 달라져야 진짜 독서』, 임성미의 『초등 인문독서의 기적』 등 이 밖에도 많은 책이 독서와 기록을 강조합니다.

제대로 된 책 읽기를 위해서 쓰기를 꾸준히 해야 하는데 어떻게 써야 할까요? '독서 기록'을 다루는 책들을 자세히 살펴보면 초등에서 성인까지 다양한 연령대의 독자들을 대상으로 하고 있음에도 불구하고 중복되고 겹치는 부분이 많았습니다. 그만큼 중요하고 꼭 필요한 활동이라는 것이겠지요. 그래서 교과서를 비롯하여 초등 독서, 성인 독서, 그리고 독서 기록에 관한 책을 모아서 분석하고 독서 활동에서 꼭 필요하고 중요한 요소를 정리했습니다.

독서 활동		
핵심 독서 활동	(1) 수시로 질문하면서 읽기 (2) 책에 밑줄 긋거나 플래그로 표시하며 읽기 책 여백에 떠오르는 생각이나 느낌 메모하기 (3) 마음에 드는 문장 찾고 쓰기 → 인용 글귀 쓰기 (4) 생각한 점, 깨달은 점, 배운 점 → 느낌 쓰기 (5) 핵심 문장 찾기, 주제 찾기 (6) 실천할 점 찾기	→ 독서 노트에 모두 포함

유익한 독서활동	(7) 북 리스트 작성하기 → 독서 리스트에 소개		
	(8) 매일 읽은 양과 시간 기록하기 → 독서 계획표에 소개		
	(9) 읽은 책과 연계되는 책 찾아보기 ┐		
	(10) 책머리, 목차, 제목 살피기		
	(11) 시대적 상황, 작가 조사하기		
	(12) 토론할 거리 생각해 보기	→ 가이드라인에 포함	→ 독서 노트에 모두 포함
	(13) 책 내용 비판하기		
	(14) 책 평가하고 추천하기		
	(15) 모르는 단어, 예쁜 단어 찾기 ┘		
	(16) 아이디어 노트, 인용 글귀 노트 만들기		
	→ 인용글귀 및 필사노트 활용법에 소개		
	(17) 독서 노트를 보며 새로운 글쓰기 ┐ → 독서 노트		
	(18) 친구들과 같은 책 읽기 　　　┘ 효과 높이는 법 에 소개		

효과 좋은
독서 활동

앞서 나온 표(108쪽)에서 핵심 독서 활동 6가지를 가이드라인에 가장 중점적으로 다루었습니다. 그러면 핵심 독서 활동에 대해 좀 더 자세히 살펴볼까요.

핵심 독서 활동 1. 질문

생각하는 책 읽기의 가장 핵심은 '질문'입니다. 『탈무드』에는 이런 말이 나옵니다.

책을 많이 읽어도 그저 읽기만 해서는 당나귀가 책을 등에 싣고 가는 것이나 다름이 없다. 당나귀가 아무리 많은 책을 등에 지고 있다고 해도 그것은 당나귀 자신에게 도움은커녕 짐만 될 뿐이다. 책은 대답을 얻기 위해서 읽는 것이 아니라, 질문을 받고 스스로 거기에 대한 자기의 생각을 정리하기 위해서 읽는 것이다.

이처럼 능동적이고 주체적인 책 읽기에서 질문은 아주 중요한 활동입니다. 질문하면서 책을 읽으면 그 답을 찾기 위해 저절로 책에 집중합니다. 또한 질문은 책에 들어 있는 깊은 뜻을 이해할 수 있는 단서가 됩니다. 저자의 의도를 파고들어 쉽게 찾을 수 있게 되고 책을 꿰뚫어 보는 능력도 키울 수 있습니다.

'질문'은 독서에서 빼놓을 수 없는 부분입니다. 독서 활동에 참고하기 위해 다양한 질문을 조사하고 찾아보았습니다. 역시 반복되고 겹치는 질문이 많았습니다. 선생님이나 부모님 또한 다양한 질문들을 필요로 하고 책의 장르나 특성에 따라서 사용할 질문이 다를 수도 있으므로 찾은 질문들을 편집하여 정리해 두었습니다.

하지만 이렇게 제시한 질문은 기초적이고 일반적인 예시일 뿐입니다. 사실 질문이라는 것은 책마다, 아이의 생각 수준에 따라 달라집니다. 질문은 책을 읽어 나가는 과정에서 저절로 생길 때가 많습니다. 그렇기에 '나는 이 책을 읽으면서 꼭 질문할 것이다!'라는 비장한 각오를 다지지 않아도 아이 스스로 독서를 많이 하다 보면 자연스럽게 질문이 떠오르는 경험을 할 것입니다.

		질문 활동
읽기 전	책의 첫인상, 기초내용 파악	• 책은 어떤 내용일까? • 누구를 위한, 무엇에 관한 책일까? • 이 책의 분야는? • 책의 표지에서 무엇이 보이나? • 표지를 보고 어떤 느낌이 들고 알 수 있는 사실은 뭘까? • 책 표지에 드러나는 것들을 통해 어떤 것을 강조하려는 걸까? • 책의 제목과 소제목은 책의 내용과 어떤 관련이 있을까?

		• 차례는 몇 부분으로 나누어졌을까?
		• 차례를 통해 무엇을 알 수 있을까?
		• 차례를 보고 책에 등장하는 주인공이나 중요 사건들을 알 수 있을까?
읽기 전	저자	• 저자는 어떤 사람일까?
		• 이 이야기는 언제, 어디서 쓰였을까?
		• 저자는 왜 이 책을 썼을까?
		• 저자는 이 책을 통해서 어떤 메시지를 전달하고 싶었을까?
	나	• 이 책을 어떻게 생각하는가?
		• 이 책을 읽은 뒤 나는 어떻게 변할까?
		• 이 책과 유사한 경험을 한 적이 있는가?
		• 내가 시간을 투자해서 읽을 가치가 있을까?
		• 이 책에 대해 이미 알고 있는 내용이 있는가?
	목적	• 이 책을 읽으면 어디에 도움이 될까?
		• 왜 이 책을 읽을까?
		• 책의 주제와 내용은 무엇일까?

		질문 활동
읽기 중후	나와 연관	• 책의 내용과 비슷한 경험이 있는가?
		• 만약 나라면 어떻게 행동할까?
		• 내가 가진 문제를 해결해 줄 수 있는 내용은 무엇인가?
		• 내 생각과 다르거나 나를 불편하게 하는 내용이 있는가?
		• 도저히 수용할 수 없는 부분이 있는가?
		• 새로 배운 것, 느낀 것, 생각이 변한 부분이 있는가?
		• 공감되는 부분이 있는가?
		• 잘 모르는 부분이 있는가?
		• 이 문장은 나와 어떤 연관이 있는가?
		• 이 책을 통해서 새롭게 발견한 지식이나 깨달음이 있는가?
		• 책의 내용과 비슷한 경험 혹은 이 이야기로부터 기억해 낸 경험이 있는가?
		• 나의 관심사와 관련된 부분이 있는가?

		• 내 생활에 적용할 만한 것은 무엇인가? • 실천할 것은 무엇인가? 그것을 습관으로 만들려면 어떻게 해야 할까?
읽기 중후	주제 파악	• 저자가 말하고 싶었던 것은 무엇이라고 생각하는가? • 저자가 전하고 싶은 핵심 주장은 무엇인가? • 주장에 대한 근거는 무엇인가? • 가장 중요한 내용은 무엇이고 어디에 있는가? • 이야기 속에 숨겨진 저자의 의도는 무엇인가?
	내용 파악	• 이 책의 줄거리는 무엇인가? • 구체적인 책 내용은 무엇인가? • 새롭게 알게 된 어휘나 개념은 무엇인가? • 가장 기억에 남는 장면은 무엇인가? • 등장인물은 누구인가? • 그중 좋았던 등장인물이나 장면이 있는가? 왜 좋은가? • 싫은 등장인물, 혹은 장면이 있는가? 왜 싫은가? • 등장인물이 만약 다른 행동이나 생각을 했다면 어땠을까? • 등장인물이 나라면 어떻게 했을까?
	책 평가	• 저자가 말하는 내용은 어떤 가치가 있는가? • 저자가 말하는 내용은 진실한가? • 이 책은 다른 사람에게 추천할 만한가? • 한 번 더 읽을 필요가 있는가? • 자신의 흥미와 호기심이 충족되었는가? • 다른 사람에게도 도움이 되는 내용인가?
	확장	• 비슷한 주제의 다른 책에서는 어떤 이야기를 하고 있는가? • 책 이야기를 통해 생각난 다른 책 혹은 뉴스, 텔레비전 프로그램 등이 있는가? • 이 책의 메시지로 토론 주제를 선정한다면 무엇이 좋겠는가? • 이 책에서 보완해야 할 점이 있는가? • 책을 읽고 난 후 어떤 주제로 글을 써보고 싶은가?

핵심 독서 활동 2. 밑줄, 플래그, 메모

책을 읽으면서 자연스럽게 떠오르는 생각들은 순간적으로 떠올랐다가 다음 책장을 넘기면서 잊힙니다. 메모나 페이지 표시 없이 한 권의 책을 뚝딱 읽고 나면, 막상 독서 노트를 쓰려고 할 때 무엇을 써야 할지 막막해 집니다. 반면에 책을 읽으면서 그때그때 드는 생각을 간단히 메모하고 페이지를 표시해 두면, 이미 독서 노트를 반 이상 쓴 거나 다름없습니다. 구체적으로 책을 사서 보는 경우와 도서관에서 빌려 보는 경우로 나눠서 살펴보겠습니다.

첫째, 책을 사서 보는 경우입니다. 구매한 책을 볼 때면 아무래도 자유롭고 마음이 편합니다. 여러 번 봐도 되고 반납 일정이 없으니 끊어 봐도 됩니다. 읽었던 날짜를 책 앞쪽 간지에 써도 되고 인상 깊은 문장이나 글귀에 밑줄을 치며 읽기도 합니다. 밑줄 친 옆 여백에 간단하게 생각이나 느낌을 기록해도 부담이 없습니다. 그 부분만 독서 노트에 기록해도 훌륭한 기록이 됩니다.

둘째, 도서관에서 책을 빌려서 보는 경우입니다. 빌린 책일 때는 어떻게 하면 좋을까요? 대부분 독서가는 플래그와 포스트잇을 주로 사용합니다. 빌린 책을 읽을 때는 깨끗하게 읽어야 하기 때문에 밑줄을 치거나 종이 귀퉁이를 접을 수가 없으므로 마음에 와닿는 페이지는 플래그를 붙여가며 읽습니다. 개인적으로 플래그의 재질은 비닐보다 종이가 나았습니다. 비닐로 된 플래그는 종이보다 반납할 때 떼어내기가 번거롭기 때문입니다. 그리고 찾기 쉽게 키워드를 써놓기에도 종이로 된 플래그가 편했습니다.

플래그를 사용하기 어려우면 종종 사진을 찍기도 하는데 책 읽는 흐름이 끊기는 단점이 있습니다. 아이들 입장에서도 책 읽는 중간에 사진을 찍기는 어려울 것입니다. 그런 경험을 몇 번 하고서는 아예 책을 읽기 전, 책 앞쪽에 플래그를 10장 정도 붙여놓고 시작합니다. 그러면 필요할 때마다 플래그를 떼어서 각 페이지에 표시하기가 훨씬 수월합니다. 독서 노트를 쓸 때는 플래그 붙인 자리만 열어 보면서 기록해 나갑니다.

가끔 책을 읽다 보면, 불현듯 좋은 아이디어가 떠오르거나 할 말을 길게 쓰고 싶을 때가 있습니다. 그렇다고 빌린 책에다 마음 놓고 쓸 수도 없고 플래그에 글을 쓰기에는 너무 크기가 작습니다. 그때를 대비해 처음부터 플래그와 함께 큰 포스트잇도 책 앞쪽에 붙여놓습니다. 그러면 갑자기 쓸 말이 생길 때 그 위치에다가 글을 쓰고 붙여놓고 넘어갑니다. 빌린 책의 경우는 이처럼 플래그와 포스트잇을 사용해 정리합니다.

구매한 책에 밑줄을 긋고 글을 쓰든, 빌린 책에 포스트잇으로 표시를 하든 책을 읽으면서 간단히 기록해 두면 독서 노트 쓰기는 식은 죽 먹기입니다. 오히려 빨리 쓰고 싶어집니다. 포스트잇을 사용한 경우에는 메모한 포스트잇을 독서 노트에 바로 붙여놔도 됩니다. 포스트잇은 떨어질 위험이 있으니 아예 풀로 붙여 버려도 되겠지요? 그렇게 하면 알록달록하게 예쁜 자기만의 독서 노트가 됩니다.

물론, 책을 읽으면서 그때그때 좋은 문장이나 느낌을 독서 노트에 바로 옮겨 적어도 됩니다. 하지만 우리는 책을 읽을 때 책과 독서 노트를 가지런히 둔 채 항상 정자세를 유지하며 책을 읽는 것은 아닙니다. 과자를 먹으면서, 소파에 누워서, 때로는 침대에 엎드려서 자유롭게 뒹굴뒹굴하며 읽기도 합니다. 따라서 플래그나 포스트잇을 미리 앞에 붙여놓고 펜을

책 사이에 끼워서 어느 장소 어느 때든 들고 다니며 읽으면 편리합니다.

핵심 독서 활동 3. 인용 글귀 쓰기

정민은 『책벌레 메모광』에서 다음과 같이 강조합니다.

책은 눈으로 볼 때와 손으로 쓸 때가 확연히 다르다. 손으로 또박또박 베껴 쓰면 또박또박 내 것이 된다. 눈으로 대충대충 스쳐보는 것은 말 달리며 하는 꽃구경일 뿐이다. 베껴 쓰면 쓰는 동안에 생각이 일어난 다. 덮어놓고 베껴 쓰지 않고 베껴 쓸 만한 가치가 있는가를 먼저 저울 질해야 하니 이 과정이 또 중요하다. 베껴 쓰기는 기억의 창고에 좀 더 확실하게 각인시키기 위한 위력적인 방법이다. 또 베껴 쓴 증거물이 남 아 끊임없이 그때의 시간으로 되돌아가게 해주는 각성 효과가 있다. 초 서의 위력은 실로 막강하다.

'베껴 쓰기'는 책을 읽다가 마음에 와닿는 부분을 독서 노트에 따로 기록하는 것을 말합니다. 책을 읽으면서 정말 마음에 드는 구절을 찾아야겠다는 목적의식과 기대감으로 책을 읽으면 좀 더 능동적인 독서를 할 수 있습니다. 또한 독서 노트에 무엇을 쓸지 저울질하고 선택하는 과정에서 아이들은 독서의 주체가 됩니다. 이렇게 해서 찾아낸 문구는 아이의 머릿속에 오래 남을 것임이 틀림없습니다.

특히 인용 글귀 쓰기는 다른 친구와 같은 책을 읽었을 때 효과가 더욱 배가 됩니다. 같은 책을 읽고도 마음에 드는 글귀가 서로 다름을 비교해 보면서 저 친구는 왜 저 글귀가 마음에 들었는지 귀를 기울이게 됩니다. 같은 책이기에 더 호기심이 생기기 때문입니다.

선생님은 아이가 뽑은 글귀를 보면서 현재 아이의 고민이나 관심사, 취향 등 아이에 대해서 더 알게 되는 계기가 됩니다. 책은 항상 현재 자신의 상태를 반영하기 때문에, 아이가 선택한 글귀를 통해서 아이의 마음이나 상황을 유추해 볼 수 있습니다.

인용 글귀를 쓰면 그 자체의 중요함도 있지만 또 다른 장점이 있습니다. 독서 노트를 쓸 때 빈 백지에다가 글을 쓰려고 하면 참 막연합니다. 하지만 중간중간 인용 글귀를 쓰면 일단 아이들이 편안함을 느낍니다. 인용 글귀나 책의 문장으로 독서 노트를 시작하고 나면 마치 SNS상에 글을 보고 댓글을 달 듯이, 더 쉽게 느낀 점을 정리해 나가면서 생각을 확장해 나갈 수 있습니다.

핵심 독서 활동 4. 느낌 쓰기

여기서 느낌은 아주 다양합니다. 일단 책에 있는 내용을 그대로 베껴 쓴 것 외의 모든 것을 느낌이라고 볼 수 있습니다. 예를 들면 이 글을 발췌해서 쓰는 이유, 책이 이해가 안 되는 이유, 책을 읽고 난 뒤에 문득 떠오르는 질문, 내 경험과 비슷한 점, 이 책을 보니 읽고 싶은 책, 더 조사하고 싶은 주제 등입니다. 즉 책을 재미있게 읽으면서 문득문득 떠오르는 감상을 편안하게 적으면 됩니다.

'오 이거 좋은 생각인데?'
'발표할 때 쓰기 딱이네! 득템!'
'무슨 말인지 하나도 이해 안 된다!'
'이거 내 얘기 아냐?'
'이 부분 지루함'
'이 책의 주인공을 보니 저번에 동생한테 좀 더 잘해줄 걸 그랬다.'

위와 같이 느낀 점을 재미있게 메모해 나가면 됩니다. 편안하게 쓸 수 있는 느낌과 더불어 '창의적인 아이디어나 새로운 생각들' 또한 느낌이 됩니다. 실제로 빌 게이츠는 다음과 같이 자신의 독서 습관을 이야기한 바 있습니다.

나는 일을 하다가 생각이 막히면 무조건 책을 펼친다. 마치 현실에서 산책이라도 떠나듯, 소설책도 좋고, 시집도 좋고, 경영서도 좋고, 역사 책도 좋다. 그냥 펼쳐 읽는다. 그러노라면 새로운 생각들이 머리를 가득 채우는 것을 느끼게 된다. 실제로 그동안 내가 세상을 깜짝 놀라게 한 아이디어들은 모두 이렇게 얻은 생각들이다

이처럼 책을 읽다 보면 책 내용이 단서가 되어 자신도 모르는 사이에 새로운 생각이나 아이디어가 떠오릅니다. 이를 놓치지 않고 붙잡아 기록해 두면 '창의적 느낌'이 풍부한 독서 노트를 쓸 수 있습니다.

핵심 독서 활동 5. 핵심 문장 찾기, 주제 찾기

'One book one sentence!'

핵심 문장을 찾는 것은 책을 읽는 목적입니다. 모든 책은 저마다 쓰인 이유가 있습니다. 저자가 책에서 무엇을 말하기 위해 썼는지 고민해 보는 시간을 가져야 합니다. 내가 이 책을 읽고 나면 무엇을 알고 배울 수 있는지를 생각하면서 읽어야, 책을 중간쯤 읽다가 내가 지금 무엇을 읽고 있는지 모르는 사태를 막을 수 있습니다.

분야에 따라 핵심 문장을 찾기 어려울 때도 있습니다. 문학작품을 읽을 때면 '저자가 이 책을 통해 무엇을 말하고 싶은 것일까?'라는 질문이 사색으로 이어지는 경우가 많습니다. 가끔 책의 서문이나 지은이 소개 글에 힌트가 들어가 있기도 합니다. 다만 과학 지식도서는 정보가 나열되어 있어서 핵심 문장을 찾는다기보다는 내가 궁금해하는 점에 대해서 생각해 보는 것이 더 중요할 때도 있으니 상황에 맞게 활용합니다.

핵심 독서 활동 6. 실천할 점 찾기

이이는 『격몽요결』에서 이렇게 말했습니다.

"책을 읽는 사람은 두 손을 모으고 똑바로 앉아 공경히 책을 대해야한다. 마음을 통일하고 뜻을 모아 골똘히 생각하고 깊이 두루 살펴 뜻을 철저히 이해하되 모든 구절마다 반드시 실천할 방법을 찾도록 해야 한다."

실천이 중요하다는 것을 강조하는 말입니다. 자기계발서를 읽고 큰 자극을 받았지만 정작 나의 삶에 아무런 변화가 없다면 실제로 책을 읽은 것이 아닙니다. 책과 나의 생활이 밀접하게 연결되고 도움을 받게 될 때 책을 읽은 효과가 나타납니다. 따라서 책을 읽고 내가 받아들일 점은 무엇인지를 생각해 보는 것은 아주 중요한 활동입니다. 현재의 나를 반성하고 앞으로 발전된 모습을 위해 노력하는 자세를 가질 수 있기 때문입니다.

정리

김병완의 『초서 독서법』에서는 워싱턴대학교 과학자들이 밝힌 '최고의 공부법'에 대해 소개하고 있습니다. 잠깐 살펴보겠습니다.

첫째, 자신이 뭘 알고 모르는지를 스스로 자각한다.
둘째, 스스로 질문하고 대답하고 판단하고 저울질한다.
셋째, 눈으로만 읽고 공부하는 쉬운 공부법이 아니다.
넷째, 제대로 소화하기 위한 인출 작업을 하는 공부법이다.
다섯째, 기억에 오래 남는 정교화 작업을 하는 공부법이다.

여기서 말하는 최고의 공부법은 독서 노트에도 그대로 적용됩니다.

첫째, 책에서 이미 알고 있는 것은 무엇이고 모르는 것은 무엇인지 스스로 자각
한다.

둘째, 책에서 궁금한 내용을 질문한다.

셋째, 중요하거나 기억하고 싶은 문장들을 판단하여 책에 표시한 후, 무엇을 쓸지
저울질하여 독서 노트에 기록한다.

넷째, 쓴 글을 통해서 내 생각이나 느낀 점을 쓰고 핵심 내용을 요약하는 인출 작
업을 한다.

다섯째, 읽은 책을 다른 책 혹은 나의 경험과 연결 짓고 실천할 부분이 있으면 어
떻게 실천하면 좋은지 구체적으로 책을 읽은 내용을 정교화한다.

이처럼 독서 노트에 들어가는 키워드인 질문, 인용 글귀와 느낌 기록,
요약, 적용, 실천은 아이들의 독서능력과 더불어 학습능력을 향상시키는
데에 큰 도움이 됩니다.

자, 이제부터 시작입니다. 가장 중요한 일은 초등학생 수준에 맞춰 쉽
게 이해하고 적극적으로 활용할 수 있는 독서 노트를 만드는 것입니다. 책
을 읽는 방법과 독서 노트를 어떤 방식으로 엮어 나가면 좋을지 살펴보
겠습니다.

"글이란 눈으로 보고 입으로 읽는 것이 결국 손으로 한 번 써보는 것만 못하다."라는 조선 후기 실학자 이덕무의 말처럼 초등학생들에게 필사는 글의 내용을 마음에 새기기에 좋은 방법입니다.

4장

스스로 재미있게
초등 독서 노트 쓰기

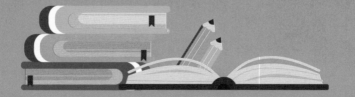

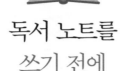

독서 노트를
쓰기 전에

　직접 운전을 하다가 어느 날 다른 사람이 운전해 주는 차를 타면 참 좋습니다. 결혼해서 아기를 키우고 밥을 하다 보면 다른 사람이 해주는 밥이 얼마나 맛있는지 모릅니다. 아이들의 독서 교육 외에도 챙겨야 할 것들이 많은 선생님과 부모들에게 '남이 해주는 밥' 같은 키프린트keyprint를 제공합니다.

　제가 정리한 키프린트는 현재 초등 국어 교과서의 독서 단원과도 일맥상통하는 부분이 많습니다. 독서 활동을 진행할 때 독서 노트와 함께 키프린트를 앞장에 끼워 놓고 사용하면 독서 단원을 알차게 꾸려나갈 수 있습니다. 먼저 키프린트 사용 시 참고할 사항을 안내하겠습니다.

키프린트에 들어가는 내용

　(1) 질문 안내 읽기 전·중·후 활동에서 아이들의 창의력과 사고력을 올리는 질문은 교육과정 지도서나 교과서에도 자세히 안내되어 있습니다.

그럼에도 따로 상기하고 신경 쓰지 않으면 실제로 책을 읽을 때 적용하기가 쉽지 않습니다. 독서 노트를 쓸 때마다 참고할 수 있도록 키프린트에 중요한 질문을 적었습니다. 여러 질문 중 가장 보편적이면서도 겹치는 질문, 그리고 학생 입장에서 쉽게 이해할 수 있는 질문을 뽑았습니다. 하지만 이것이 정답은 아닙니다. 책의 특성, 아이의 상황에 따라 제시된 질문을 다각도로 활용하기 바랍니다. 육하원칙을 기본으로 한 기초적인 질문 6개만이라도 꾸준히 질문해 키프린트를 따로 보지 않더라도 자동으로 책을 읽으면서 떠올릴 수 있게 합니다.

질문 모두에 답할 수는 없습니다. 아이가 할 수 있고 현재 아이가 읽고 있는 책과 대응이 되는 질문, 대답하고 싶은 질문에만 답을 쓰면 됩니다. 저절로 생긴 질문에 대해서는 그 질문을 쓰고 스스로 답하면 됩니다.

(2)색깔펜 사용 색을 분류해서 사용합니다. 책 내용을 그대로 베껴 쓴 경우는 검은색으로 작성합니다. 베껴 쓴 문장 중 핵심 내용이라고 생각하는 문장은 빨간색으로 밑줄을 긋고 개인적으로 너무 좋다고 생각하는 문장은 별표나 형광펜으로 칠합니다.

책을 읽고 생각한 점, 궁금해서 떠오르는 질문, 그에 대한 대답, 아이디어 등 베껴 쓴 내용이 아닌 내가 직접 생각하고 쓴 모든 글은 파란색으로 씁니다. 하지만 지금 이 색깔 지정은 예시일 뿐입니다. 본인이 하고 싶은 스타일대로 변형해서 색을 쓰면 됩니다. 중요한 점은 한 번 지정한 색의 내용을 자꾸 바꾸면 안 된다는 것입니다. 독서 노트에 다양한 색을 사용하는 이유는 독서 노트를 다시 볼 때 그 색깔만 선별하여 찾아볼 수 있기 때문입니다.

(3) 책만남 활동 꼭 하기 읽기 전 활동은 책에 대한 흥미와 호기심을 갖게 합니다. 책을 읽기 전에 키프린트의 '책만남 질문'을 활용하여 포스트잇에 기록을 남기고 시작합니다. 조금만 시간을 내어 책 표지, 머리말, 작가 소개, 목차 등을 훑어보는 활동도 좋습니다. 이렇게 포스트잇에 작성한 내용은 아이의 의사에 따라 독서 노트에 바로 붙여도 되고 옮겨 써도 됩니다.

아래 사례는 11회 소천아동문학상 수상작인 『아무도 모르는 김신상 분실사건』이라는 책으로 책만남 활동을 한 내용입니다. 표지를 보고 어떤 내용일지 예측하는 간단한 활동인데도 아이들은 열띤 참여를 합니다. "선생님, 너무 읽어 보고 싶어서 참기 힘들어요!"라고 말할 정도로 아이들의 독서 의욕을 높일 수 있는 활동입니다.

＜포스트잇 책만남 활동 내용＞

- 남자아이가 교과서보다 작다. 어떻게 작아진 걸까?
- 김신상이 사라져서 사람들이 찾는 내용일 것 같다. 그래서 제목이 '아무도 모르는 김신상 분실 사건'일 것이다.

- 주인공이 학용품을 구하기 위해 미션을 수행하는 내용인 것 같다.

- 김신상이 주인공 이름일까?

- 학용품들이 뭔가 불만이 있는 것 같다.

- 물건들이 유리 안에 갇혀서 나가고 싶다고 외치는 것 같다.

독서 노트 쓸 때 유의할 점

(1) 질문을 구체화하는 연습하기 모든 책을 다 독서 노트에 쓸 수는 없습니다. 그리고 키프린트에 제시한 모든 항목을 다 선택해 작성할 필요도 없습니다. 아이가 책 내용에 맞는 항목을 적절히 골라서 쓰도록 도와주면 됩니다. 다만 키프린트에 안내한 넓은 범위의 질문을 책의 내용에 맞게 구체화하는 연습을 하면 좋습니다.

예를 들어 『내 이름은 삐삐 롱스타킹』을 읽고 키프린트에서 '만약 나라면?'이라는 질문을 선택했다면 책 내용에 맞추어 질문을 이렇게 바꿀 수도 있습니다. '내가 만약 삐삐처럼 힘이 세다면 무엇을 하고 싶은가?', '내가 만약 부모님이 안 계시는 집에 혼자 산다면 어떨까?', '내가 만약 삐삐처럼 혼자 있는데 도둑이 들어온다면 어떻게 행동했을까?' 같은 세부 질문을 만들 수 있습니다. 단 하나의 질문을 선택하더라도 생각하기에 따라 많은 질문을 만들 수 있습니다.

그리고 키프린트의 한 가지 질문을 선택해서 시작했는데 독서 노트를 쓰는 과정에서 연관된 또 다른 질문이 생겨날 수 있습니다. 예를 들어 이순신의 『난중일기』를 읽고 경상 수사 원균과 이순신 장군의 사이가 좋지 않음을 알게 되었을 경우 '왜 두 장군의 사이는 나빴을까?'와 같은 질문이 생길 수 있습니다. 또는 홍종의의 『물길을 만드는 아이』의 책을 읽고 인상 깊은 구절을 '이 샘물의 이름은 검룡소儉龍沼이며, 이무기는 검룡소의 주인 인 검룡이다.'와 같이 쓰고 보니 '검룡소가 지금도 있을까? 검룡소는 지금 우리나라의 어디쯤일까?'라는 질문이 생길 수 있습니다.

새롭게 생긴 질문은 관련 책이나 인터넷을 살펴보며 답을 찾아볼 수 있습니다. 이렇게 세부적으로 질문을 하다 보면 아이들은 '생각하는 상태'가 됩니다. 똑같은 책 한 권이라도 '생각하는 상태'를 경험한 것과 그렇지 않은 것은 큰 차이가 납니다. 아이들에게 하나의 질문에서 여러 다양한 질문이 만들어질 수 있다는 것을 충분히 안내해 줍니다.

(2) 각자의 스타일 존중하기 이상혁은 『노트의 기술』에서 "각자 손으로 적고 나면 여러분의 머리가 알아서 생각을 자라나게 하는 신기한 경험을 하게 될 것입니다. 그 경험이 쌓이면서 어느새 자기만의 스타일도 찾게 될 것이고요."라고 말했습니다. 사람은 누구나 자신만의 고유한 글씨체를 가지고 있고 독특한 문체도 있습니다.

독서 노트도 마찬가지 아닐까요? 계속 쓰다 보면 아이 스스로 편한 방식으로 쓰게 됩니다. 우리의 목적은 아이 스스로 독서 노트를 쓰게 하는 것입니다. 독서 노트의 유용함을 스스로 느끼고 즐겁게 계속해 가는 것입니다.

자기만의 스타일을 찾고 자기 방식대로 독서 노트를 써 나가면 아이에게 칭찬과 격려를 아낌없이 해주세요. 차곡차곡 쌓이는 종이 두께만큼이나 아이의 생각하는 힘도 자라납니다.

나만의 보물창고! 퐁퐁 아이디어 샘물!

◆ KEY PRINT ◆

번호 :　　　　　이름:

	활동 (– 느낌 – 책내용)
책만남	▶ 큰 포스트잇을 책 표지에 붙이고 아래 질문 중에서 골라 간단히 메모합니다. ▶ 포스트잇을 독서 노트에 옮겨 붙이거나 내용을 추가해서 다시 씁니다. ▶ 책 제목, 책 표지, 책날개 앞뒤, 목차를 훑어봅니다. 지은이는 **누구**인가? 이 책은 **언제** 쓰인 책인가? 이 책의 배경은 **어디**인가? **무엇**에 관한 내용인가? 지은이는 이 책을 **왜** 썼는가? 표지 느낌은 어떤가? 이미 알고 있거나 경험한 내용이 있는가? 이 책은 어떤 내용일까? 이 책을 읽는 이유는 무엇인가?
책보기	▶ 책을 읽으며 해당 페이지에 플래그를 붙이고, 생각을 간단히 메모합니다. ▶ 밑줄이나 플래그로 표시한 부분을 독서 노트에 기록합니다. ▶ 책 내용은 **검은색**, 내 생각은 파란색으로 씁니다. 해당 쪽수는 꼭 기록합니다! 핵심 문장, 마음에 와닿는 문장, 새롭게 알게 된 지식, 공감하는 문장 도저히 받아들일 수 없는 문장, 이해하기 어려운 단어나 개념 + 내 생각
책놀기	▶ 아래의 질문 중 마음에 드는 것을 선택하여 독서 노트에 기록합니다. ▶ 한 가지 질문을 선택하더라도 오래 생각하고 정성스럽게 쓰면 좋은 독서 노트가 됩니다. ▶ 새로운 질문을 만들어 사용하면 더 좋습니다. **〈내용 파악〉** 책의 줄거리는? 알게 된 점은? 등장인물은 누구인가? 어떤 관계인가? 좋거나 싫었던 등장인물과 그 이유는? 등장인물이 다른 행동을 했다면? 만약 나라면 어땠을까? 가장 기억에 남는 장면은 무엇인가? **〈나와 관련〉** 책의 내용과 비슷한 경험이 있는가? 내 생각이 변한 부분이 있는가? 본받고 싶은 점이 있는가? 책을 읽고 어떤 도움을 받았는가? **〈주제 찾기〉** 책의 핵심 내용은 무엇인가? 지은이가 하고자 하는 말은 무엇인가? 책을 한 문장으로 표현한다면? 키워드는? ('#' 표시) **〈실천, 적용〉** 내 생활에 실천해 보고 싶은 내용은? 구체적인 실천 계획은? **〈확장, 평가〉** 관련지어 더 읽어 보고 싶은 책은? 더 조사해 보거나 알고 싶은 내용은? 나는 이 책을 어떻게 생각하는가?

▶ 독서 노트를 다시 읽어 보며 핵심 내용에는 빨간색으로 밑줄 칩니다.
▶ 강조하고 싶은 내용은 **별표**나 **형광펜** 등으로 표시합니다.
▶ 각 단계는 상황에 따라 섞일 수 있으며 필요에 따라 선택하여 씁니다.
▶ 다 쓴 독서 노트는 온라인 상에 올려 활용합니다.

〈추가 독서 활동〉
책 표지 그리기, 주인공 그리기, 마인드맵, 만화, 편지쓰기, 책 소개, 시 쓰기, 독서퀴즈, 뒷 내용 상상하기, 인상 깊은 장면 그리기, 연극 대본 쓰기, 인물 관계도 그리기 등

내 마음대로 고르는
독서 노트 쓰는 법 5가지

이제 본격적으로 독서 노트 쓰기에 관한 내용입니다. 아이들에게 A4 용지를 나누어 줍니다. 위와 양옆을 살짝 접게 합니다. 위를 접는 이유는 이름을 쓰기 위해서입니다. 수업이 끝나고 아이들이 집으로 돌아가면 교실엔 누구 것일지 모를 온갖 학습지가 나뒹굽니다. 심지어 복도에도요.

누구 것인지 알 수 있게 독서 노트 낱장에 이름 쓰기는 필수입니다. 왼쪽 옆을 접는 이유는 바인더 구멍이 찍힐 부분의 공간을 남겨놓기 위해서입니다.

상단에 이름을 쓰고 옆에 쪽수를 써둡니다. 지금 아이가 쓰는 독서 노트가 한 장이 될지 두 장이 될지 모르기 때문에 쪽수를 써야 바인더에 넣을 때도 헷갈리지 않고 정리해서 넣을 수 있습니다.

제목, 지은이, 날짜를 기록하고 키프린트의 안내에 따라 쭉 적으면 됩니다. 독서 노트를 쓰는 도중이나 다 쓴 후에 위쪽에 '#' 표시를 하고 책에 대한 키워드를 써둡니다. 그 단어는 중요 단어일 수도 있고 나중에 궁금해서 다시 찾을 것 같은 단어일 수도 있습니다. 이렇게 '#'으로 표시해 두면 독서 노트를 온라인에 올릴 때 태그로 사용할 수도 있습니다. 빈 공간에는 문학작품일 경우 인물 관계도를 그려도 좋고 지식정보 책을 읽을 때는 마인드맵처럼 알게 된 내용을 정리하면서 읽어도 됩니다. 나머지 공간은 말 그대로 자유입니다.

인용 문장을 쓸 때는 해당 페이지 쪽수를 꼭 기록합니다. 다음에 다시 보고 싶거나 앞뒤 문맥의 파악이 필요할 때 다시 찾아볼 수 있습니다.

독서 노트 사례를 A~E타입으로 나누었습니다. A~C타입은 아이들이 흔히 쓰는 스타일이며 D~E타입은 책의 재미있는 주제를 부각시켜 작성해 나가는 스타일입니다. 실제로 아이들에게 키프린트만을 가지고 설명할 때보다 다른 친구들의 사례를 함께 보여주었을 때 훨씬 잘 이해하였습니다. 아이들에게 다음에 제시된 사례를 참고로 보여주기 바랍니다. 독서 노트 쓰는 방법을 쉽게 이해할 것입니다. 아이들이 쓴 독서 노트뿐만 아니라 선생님이 직접 쓴 독서 노트를 공유하면 아이들에게 더욱 동기를 유발할 수 있습니다.

〈A타입〉 키프린트 〈책보기〉 단계를 주로 활용 (인상깊은 문장 + 느낌 간단히 기록)

★고전에 많이 사용
★매일 조금씩 읽을 때
★독서 노트를 간편하게 쓰고 싶을 때
★한 책을 오래 읽을 때
★날짜별로 꾸준히 누적해 나갈 때

A-1	( ) 학년 ( ) 반 이름 ( )

격몽요결
조선 최고의 인성 교과서
이이(지은이) 이상각 (글), 김태현 (옮긴이)

날짜: 5월 22일 /격몽요결 / 입지장

p100
처음 배우는 사람은 모름지기 왜 공부를 하는지에 대한 뜻을 세워야 한다.

- 왜 공부하는지를 생각하면 누군가가 하라고 해서 하는 것보다 더 적극적으로 공부할 수 있고 내가 하고자 하는 목표에 더 효율적으로 다가갈 수 있다. 나는 이 문장이 중심 내용이라고 생각한다. 공부에 있어 뜻을 세우는 것이 중요하다!

날짜 5월 23일 /격몽요결 / 입지장

p103
뜻을 단단하게 세우지 못하면 잘못된 옛 습관이나 반복하면서 세월만 보내기 쉬운데, 그렇게 되면 죽을 때까지 공부의 목표를 성취할 수 없을 것이다.

- 조금 뜨끔한 말이다. 시간은 한정되어 있고 내가 시간을 계획하여 알차게 쓰지 않고 세월만 보내면 내가 하고자 하는 것을 이루지 못한다는 말인 것 같다. 먼저 내가 무엇을 하고 싶은지 정하고 그것을 이루기 위해서 계획을 세워봐야겠다. 구체적인 계획은……

설민석의 삼국지
설민석(지은이), 최준석(그린이)

날짜: 7월 7일　#삼국지 #유비 #관우 #장비 # 도원결의
〈책만남〉

〈책 읽기 전 포스트잇 붙인 내용〉
- 제목을 보아 세나라 이야기다.
- 책 표지에 나오는 인물그림이 멋있다.
- 장군의 모습인 것 같다.

할머니가 예전에 만화로 된 삼국지를 사 주셔서 읽어 보았다. 그 뒤 엄마가 『설민석의 삼국지』를 선물로 주셨다. 내가 1권을 너무 재미있게 읽으니 2권도 사 주셨다.

〈책보기〉

p.34
천지신명이시여, 비록 우리가 성은 다르나 이미 형제가 되었습니다. 위로는 나라의 은혜에 보답하고 아래로는 백성을 평안하게 할 것을 맹세합니다. 비록 같은 해, 같은 달, 같은 날, 같은 시에 태어나지는 못했지만, 한날한시에 함께 죽길 바라니 천지신명께서 굽어 살펴 주소서.

- 이게 도원결의구나! 삼 형제의 의리가 지켜지면 좋겠다.

p.109
(조조)"술이나 한잔 하시오" (관우)"술이 식기 전에 돌아오겠소."

- 관우가 정말 멋있다! 카리스마가 대단하다. 최고!

p.160
"형제는 손발과 같고 처자는 의복과 같다 하였어. 의복이야 떨어지면 다시 고쳐 입을 수 있지만 손발은 한 번 끊어지면 붙일 수 없지."

- 와! 형제의가 대단하다. 나도 하나뿐인 동생한테 잘해줘야겠다!

p.318
"공명 선생, 부디 절 좀 도와주십시오. 제발 저희의 스승이 되어 주십시오." (…) "미력하오나 제갈공명이 유황숙을 주군으로 모시고 한나라 재건을 위해 힘쓰겠습니다."

- 이게 그 유명한 삼고초려다!

※ 삼고초려: 유비가 제갈량의 초옥을 세 번 찾아가 간청해 그를 군대의 우두머리로 맞아드린 일

★비교적 잘 읽히는 장·단편 동화를 읽고 쓸 때
★독서 노트를 간편하게 쓰고 싶을 때
★질문을 새로 만들고 싶을 때

B-1	( ) 학년 ( ) 반 이름 ( )

마법의 설탕 두 조각
미하엘 엔데(지은이), 유혜자(옮긴이)

날짜: 9월 7일

〈책만남〉

읽은 이유: '마법의 설탕 두 조각'이라는 이름이 예뻐서

지은이: 미하엘 엔데. 판타지 문학의 고전이라고 할 '모모'를 지은 작가

내용 예측: 설탕으로 어떤 마법을 부리는 내용일 것 같다.

표지: 주인공 여자아이가 문을 열었는데 바로 바다여서 궁금증이 생긴다.

〈책놀기〉

1. 공감 가는 부분은?

– 엄마 아빠가 렝켄이 원하는 것을 들어주지 않고 '안 돼' 하는 모습이 우리 집과 비슷하다고 생각했다. 나도 그럴 때 속상하다. 부모님이 내가 원하는 것을 이야기할 때 잘 들어주었으면 좋겠다.

2. 만약 나라면?

– 처음에는 엄마 아빠가 작아져서 통쾌했는데 자꾸 작아지니 마음이 불안해졌다. 만약 내가 그 상황이라면 걱정되고 무서웠을 것 같다.

3. 생각나는 비슷한 경험?

이 책을 읽다 보니 『지각대장 존』이 생각났다. 선생님이 평소에 자기를 믿어 주지 않았기 때문에 존은 선생님이 곤경에 처했을 때 도와주지 않는다. '안 돼'만 하는 엄마 아빠를 작게 만들고 웃는 주인공을 보니 비슷한 느낌이 들었다.

4. 친구들과 이야기하고 싶은 부분은?

다른 친구들의 부모님은 친구들이 원하는 것을 해달라고 할 때 어떻게 반응하는지 궁금하다.

★ 핵심 문장은?

'렝켄은 부모님의 말씀을, 부모님은 렝켄의 말을 무턱대고 반대하지 않고 꼭 필요할 때만 그렇게 했습니다.'

왕실 도서관 규장각에서 조선의 보물 찾기
신병주(지은이), 이혜숙(글)

날짜: 5월 7일　#규장각 #기록유산 #왕실

〈책만남〉

〈책 읽기 전 포스트잇 붙인 내용〉
- 배경: 규장각
- 무엇을?: 기록유산
- 규장각은 정조가 세웠다. 기록문화에 대
　해 알려준다.

조선 시대 기록문화에 대해 알고 싶다.

〈책놀기〉

1. 궁금한 점은?

– 책에 보면 세종, 세조, 현종이 피부병으로 고생했다는 기록이 있다. 왕실의 피부병은 유전일
까? 어떤 피부병인지 궁금하다.

2. 알게 된 점은?

『노걸대』라는 기록물을 보면 말을 사고팔 때나 북경에서 여관을 찾아 묵을 때, 인삼을 소개할
때마다 중국말을 어떻게 해야 하는지 적혀 있다고 한다. 요즘은 영어를 많이 배우지만 옛날에
는 중국어를 외국어로 많이 배웠다는 사실을 알게 되었다.

3. 기억에 남는 장면, 더 알고 싶은 내용은?

– 옛날에도 외국어 공부를 했다는 점이 놀랍고 신기했다. 그리고 나도 지금 중국어를 공부하고 있
는데 발음표기를 영어로 표기한다. 옛날에는 발음을 어떻게 표기했을까?

4. 책을 한 줄로 정리한다면?

– 규장각에 있는 보물들의 의미와 내용을 쉽게 알 수 있는 책이다. ★

5. 더 읽어보고 싶은 책은?

전투 장면을 그린 〈임진전란도〉를 보고 나니 이순신 장군에 관심이 생겼다. 『난중일기』도 읽어
보고 싶다.

﹤C타입﹥ ﹤책만남﹥, ﹤책보기﹥, ﹤책놀기﹥ 단계를 골고루 활용한 기본형

★대부분의 책에 활용 가능
★책을 꼼꼼히 읽는 아이
★플래그를 잘 활용하는 아이
※C타입도 선택하는 내용에 따라 간단하게 가능함

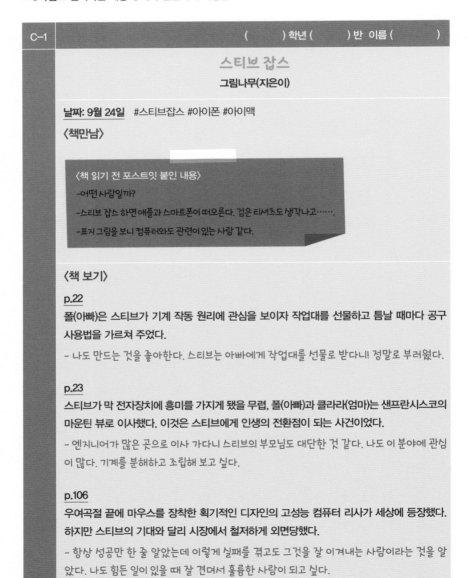

C-1	( ) 학년 ( ) 반 이름 ( )

스티브 잡스
그림나무(지은이)

날짜: 9월 24일 #스티브잡스 #아이폰 #아이맥

﹤책만남﹥

﹤책 읽기 전 포스트잇 붙인 내용﹥

-어떤 사람일까?

-스티브 잡스 하면 애플과 스마트폰이 떠오른다. 검은 티셔츠도 생각나고…….

-표지 그림을 보니 컴퓨터와도 관련이 있는 사람 같다.

﹤책 보기﹥

p.22
폴(아빠)은 스티브가 기계 작동 원리에 관심을 보이자 작업대를 선물하고 틈날 때마다 공구 사용법을 가르쳐 주었다.

- 나도 만드는 것을 좋아한다. 스티브는 아빠에게 작업대를 선물로 받다니! 정말로 부러웠다.

p.23
스티브가 막 전자장치에 흥미를 가지게 됐을 무렵, 폴(아빠)과 클라라(엄마)는 샌프란시스코의 마운틴 뷰로 이사했다. 이것은 스티브에게 인생의 전환점이 되는 사건이었다.

- 엔지니어가 많은 곳으로 이사 가다니 스티브의 부모님도 대단한 것 같다. 나도 이 분야에 관심이 많다. 기계를 분해하고 조립해 보고 싶다.

p.106
우여곡절 끝에 마우스를 장착한 획기적인 디자인의 고성능 컴퓨터 리사가 세상에 등장했다. 하지만 스티브의 기대와 달리 시장에서 철저하게 외면당했다.

- 항상 성공만 한 줄 알았는데 이렇게 실패를 겪고도 그것을 잘 이겨내는 사람이라는 것을 알았다. 나도 힘든 일이 있을 때 잘 견뎌서 훌륭한 사람이 되고 싶다.

p128

스티브는 학교에서 폭음탄을 터뜨리거나 뱀을 풀어 놓는 등 말썽을 저질러 선생님들도 스티브를 거의 포기했다. 스티브를 좋게 봐준 이모진 선생님이 스티브 잡스의 담임을 맡았다. 이모진 선생님은 스티브를 열심히 공부하게 하는 방법을 알고 있었다. 불과 한 달도 안 돼 스티브는 우등생이 되었다.

- 스티브는 장난꾸러기였지만 마음먹고 노력을 하니 바로 성적이 좋아졌다. 이 부분을 읽고 나도 열심히 하면 잘할 수 있겠다는 용기가 생겼다. 나도 열심히 노력하여 공부를 잘하고 싶다.

〈책놀기〉

1. 간단 내용 정리

- 스티브 잡스는 단순하고 디자인이 아름다우며 조립할 필요 없이 전원만 꽂으면 작동하는 제품을 만들고 싶어 했다. 그것이 아이맥이다. 그리고 아이맥보다 훌륭한 발명품이 아이폰이다. 상상력이 얼마나 중요한지 알게 되었다.

2. 기억에 남는 장면은?

- 그는 막강한 기능을 가진 스마트폰을 만들고 싶다고 했지만, 사람들은 그런 기능은 스마트폰에서 불가능하다고 말했다. 그러나 스티브 잡스는 이루어냈다. 그 부분이 기억에 남는다.

3. 알고 싶은 내용, 찾아보고 싶은 내용은?

- 아이맥이 지금도 사용되는지 검색해 봐야겠다.

4. 친구에게 추천하고 싶은가?

- 스마트폰에 관심 있는 사람에게 추천! -별점 ★★★★★

음유시인 비들 이야기
J.K 롤링(지은이), 홍선주(그린이)

날짜: 9월 24일　#교훈 #동화 #마법 세계 #해리포터

〈책만남〉

〈책 읽기 전 포스트잇 붙인 내용〉

내용: 해리포터 마법 세계의 동화 모음집

표지: 어떤 마법사가 가마솥에 쫓기고 있다. 왜 쫓기는 걸까? 왠지 재미있을 것 같다.

-해리포터 책도 재미있게 읽었는데 이번 책도 참 기대가 된다.

〈책보기〉

p.37

그리고 마침내 마법사들은 자진해서 지하세계로 숨어들었다.

- 자진이라는 단어는 무슨 뜻이지? 알아봐야겠다.

※ 자진: 스스로 나선다.

p.52

하지만 알세다는 마법의 언덕을 더 이상 올라갈 수 없었음에도 불구하고, 어느 누구보다 더 빨리 그리고 열심히 걸었습니다. 그러면서 다른 사람들에게도 자신을 따라 하라고 독려했습니다. "용기를 내 친구들, 절대 포기하지 마!"

- 힘들어도 끝까지 포기하지 않고 목표를 향해 가는 알세다를 본받고 싶다.

친구들도 위로해 주는 알세다가 진정한 아름다움을 지닌 사람이라고 생각한다.

p.55

그때 알세다가 황급히 효험이 있을 것 같은 풀을 뜯더니 러클리스 경의 조롱박에 든 물과 섞어 아샤의 입안으로 흘려 넣었습니다.

- 효험이 무슨 뜻이지?

※ 효험: 효능이 있을 것 같은 것.

마지막까지 서로를 도운 세 마녀와 러클리스 경을 본받고 싶다.

〈책놀기〉

1. 만약 나라면 어땠을까?

내가 만약 엄청난 행운의 샘 주인공들이라면, 힘들어서 중간에 포기했을 것 같다.

2. 나는 이 책을 어떻게 생각하는가?

지루하지 않고 정말 재미있는 책이라서 다른 친구들도 읽었으면 좋겠다.

3. 책을 읽고 내 생각이 변한 부분은?

평소에는 어려운 일이 생기면 종종 포기할 때가 있었다. 하지만 이제는 이 책의 주인공처럼 무엇이든 쉽게 포기하지 않고 노력하는 자세를 가져야겠다.

〈Opt3. 주인공에게 편지 쓰기〉

To. 엄청난 행운의 샘 주인공에게!

안녕? 책 정말 재미있게 읽었어.
특히 행운의 샘에 도착하기 위해 높은 언덕도 마다하지 않고 끈기 있게
올라가는 모습이 참 감동적이었어.
나도 그런 모습을 본받고 싶어.
책으로 너희들을 만나게 돼서 참 즐거웠어. ^^

From. 해리포터 열광 팬이

초정리 편지
배유안(지은이), 홍선주(그린이)

날짜: 9월 24일　#초정리 편지 #세종대왕 #한글 창제 #한글의 소중함

〈책만남〉

〈책 읽기 전 포스트잇 붙인 내용〉
- 추천도서라서
- 초정리는 마을 이름일까?
- 표지 그림으로 보아 한글과 관련된 내용인 것 같음
- 책 표지에 나오는 꽃은 무슨 꽃일까?
- 뒷표지를 보니 석공이 되고 싶어 하는 어떤 소년에 대한 글이다.

초등학생 권장목록에 이 책이 자주 보여서 읽었다. '세종대왕' '한글 창제'에 대한 이야기를 담고 있는 것 같다.

〈책보기〉

p.20

식은 죽을 상에서 내리고 따뜻한 죽을 새로 올렸다.

- 아이들이 아픈 아버지를 지극정성으로 봉양하는 모습이 감동적이었다.

p.31

가마솥에서 밥 냄새가 구수하게 났다. 한 해에 한두 번도 먹지 못한 쌀밥이었다. 세 식구는 가지나물과 된장을 반찬으로 밥을 꿀처럼 달게 먹었다.

- 요즘은 음식이 흔해서 반찬 투정도 많이 하고 밥을 남기거나 쉽게 버리는 경우가 많다. 하지만 이 당시에는 적은 반찬이라도 꿀처럼 맛있게 먹었다고 하니 마음한켠이 아프기도 하고 나의 식습관을 반성하게 되었다.

p.113

"거미줄 같은 선 하나라도 거기에 살아 움직이는 힘이 들어가지 않으면 안 된다. 삐친 점 하나가 사자 한 마리보다 더 힘차야 한다."

장운은 한마디도 놓치지 않고 새겨들었다. 이것저것 배운 것을 적은 종이가 많아졌다. 장운은 틈틈이 종이를 꺼내 읽었다.

- 돌을 깎는 과정에 대해 생각해 볼 수 있어 좋았다. 손이 아플 것 같기도 하고 미세하게 돌을 깎는 일이 쉬운 일이 아닌 것 같다. 그리고 배운 내용을 틈틈이 써서 공부하니 기억에 오래 남아 좋을 것 같았다. 배운 것을 기록하지 못한다면 아주 답답할 것이다. 무언가를 기록한다는 것이 얼마나 소중한 일인지 깨달았다. 한글이 소중하다.

p.156

진서 공부를 하는 데 많이 어려워. 그래서 새 글자로 약효나 약재 다루는 요령을 써두려고 해. 네 종이책처럼.

– 한글을 사용하여 한자로만 쓰기 힘든 약재에 관한 내용을 쓰고자 하였다. 한글의 힘을 다시금 느낄 수 있었다.

p.171

"딱딱한 돌로 그저 꽃 모양을 낸다는 생각은 말고 정말 꽃잎을 피운다고 생각해야 한다. 마음속에 꽃잎이 하늘하늘 흔들리는 느낌을 가지고 있어야 그런 꽃잎을 다듬을 수 있어."

– '장인정신'이라는 것이 바로 이것이다. 나도 어떤 꽃잎을 피우고 싶다. 어떤 표면적인 목표가 아닌 숭고한 목표.

〈책놀기〉

간단 줄거리

세종대왕은 한글을 반포하기 전에 초정리에 사는 정운이에게 한글을 알려 준다. 한글을 익힌 정운이는 주변 사람들에게도 알려 준다. 그리고 배운 내용을 한글로 기록해 나가며 열심히 공부해서 훌륭한 석공으로 성장해 나가는 이야기다.

– 읽기 전에 표지에 나온 꽃이 무슨 꽃인지 궁금했는데 그 꽃은 '연꽃'이었다. 정운이가 석공으로서 만든 첫 작품이 '연꽃 확'이다.

기억에 남는 장면

멀리 떨어진 누나와 편지를 주고받을 때는 정말 감동적이었다. 배우기 쉬운 한글이 있었기에 가능했다. 글로 쓴 편지는 소중하게 보관도 가능하고 내용을 정확하게 전달할 수 있다. 당연하게 생각했던 '한글'의 소중함에 대해 다시 생각해 볼 수 있었다. 그리고 한글이 완성되기까지의 어려움과 한글 반포를 위한 세종대왕의 의지가 대단하다고 생각했다. 그리고 부모 자식, 형제, 친구 사이의 끈끈한 정을 느낄 수 있었다.

확장

『초정리 편지』는 친구들에게 꼭 읽어 보라고 권하고 싶다.
세종대왕 전기를 더 찾아 읽어야겠다.
초정리 약수가 정말 눈병에 효험이 있는지도 궁금하다.

★책에 유의미한 질문거리가 많을 때 선생님, 부모님이 함께 생각해 볼 수 있는 질문 제시

D-1	★질문만 제시	( )학년 ( )반 이름 ( )

로빈슨 크루소
다니엘 디포(지은이)

1. 로빈슨 크루소는 우산, 옷, 책상, 의자, 카누, 절구, 삽, 바구니, 체, 그릇 등을 자연의 재료로 만들었다. 나라면 어떻게 만들었을까?
(물건을 만드는 데 필요한 연장도 자연의 재료로 만들어야 함)
※이 질문은 '책을 읽기 전에 호기심 유발'로도 좋음.

2. 포로로 잡힌 세 명을 구하기 위해 그들이 '야만인'이라고 생각하는 토착민들을 스무 명씩이나 죽이는 것은 과연 옳은 일인가?

3. 그들은 사람을 먹는다. 이에 대해 어떻게 생각하는가?
로빈슨 크루소는 사람을 먹는 그들을 아주 혐오스러워한다. 하지만 우리가 소고기, 돼지고기, 닭고기를 아무렇지도 않게 먹듯이 그들도 사람을 먹는 것이 오랜 전통이라면 그것은 나쁜 일인가?

4. 식인종에 대한 혐오스러운 감정은 혹시 문화 우월주의, 자문화 중심주의가 아닌가?

5. 내가 로빈슨 크루소라면 중산층의 편안한 생활, 부유한 브라질 농장일을 접고 항해로 나갈 것인가, 혹은 나가지 않을 것인가? 그 이유는?

6. 로빈슨 크루소가 항해했던 지역, 표류했던 지역(영국, 브라질, 아메리카, 카리브해 등)은 현재 지도상에 어딘가? 뱃길 지도를 찾아보고 항해 노선을 예측해 보자.

7. 내가 무인도에 떨어질 경우, 꼭 필요한 것은 무엇이 있을까? 열 가지만 생각해 보자.

8. 소설 속의 모델 알렉산더 셀커크가 4년간 혼자 살았다는 칠레의 '로빈슨 크루소 섬'은 어떤 곳일까? 조사해 보자.

톨스토이 단편선
톨스토이(지은이)

1. 사람은 무엇으로 사는가?

p.50

신께서 말씀하셨지요. '가서 그 어머니의 영혼을 데려오고, 세 가지 진리를 배워라. 사람에게 무엇이 있고, 사람에게 무엇이 주어지지 않았으며, 사람이 무엇으로 사는지를 배워라. 이것들을 배웠을 때 너는 다시 천상으로 돌아오게 될 것이다.

– 이 세 가지 질문에 대해 나만의 해답 찾기

사람에게 무엇이 있을까? 사람에게 무엇이 주어지지 않았을까?

사람은 무엇으로 살까? 돈, 건강한 몸? 아니면 희망, 사랑?

2. 버려둔 불꽃이 집을 태운다

– 버려둔 불꽃이 집을 태운다. 이 말은 무슨 뜻일까?

전체적으로 책을 읽어 보고 추론했을 때, 제때 끄지 않은 불씨가 큰 화근이 되어 모든 집을 태운다는 뜻으로, 작은 오해나 다툼이 생겼을 때 바로 잘못을 바로잡고 화해하는 것이 중요하다는 뜻인 것 같다. 즉 마음의 앙금을 제때 풀어 버리면 나중에 큰 다툼을 막을 수 있다는 의미이다.

– 자신의 경험과 비교해 볼 수 있는 질문

1) 사과를 제때 하지 못해 오해가 커졌던 경험은?

2) 작은 다툼이 큰 다툼으로 이어진 경험은?

3) 혼자만 나쁘다면 다툼이 존재할까? '다툼'은 왜 생기는 것일까?

4) 내가 다른 사람의 허물을 들추었을 때, 그 사람은 나에게 어떤 마음을 가질까?

3. 두 노인

p.141 중심 문장

에핌은 한숨을 내쉰 뒤, 오두막집 사람들에 대해서도 예루살렘에서 엘리사를 어떻게 보았는지에 대해서도 말하지 않았다. 그러나 이제 에핌은 신에 대한 맹세를 지키고 신의 뜻을 이행하는 가장 좋은 방법이 각자 살아가는 동안 다른 이들에게 사랑을 베풀고 선을 행하는 것임을 이해하게 되었다.

– 내 주변에서 바로 실천할 수 있는 작은 선행은 무엇이 있을까?

4. 사랑이 있는 곳에 신이 있다.

– 진정한 선행은 무엇일까?

– 어떤 목적을 가지고, 누군가에게 잘 보이기 위해, 이득을 얻기 위해 하는 선행에 대해서 어떻게 생각하는가? 그런 비슷한 경험이 있는가?

– 결과를 바라지 않고 하는 순수한 마음이 담긴 선행은 왜 좋을까?

＜E타입＞ 비교하기

★읽은 책과 서로 비교해 볼 만한 책이나 영화, 뉴스 기사 등을 찾았을 때

E-1	※『작은 아씨들』을 읽으면 자매 이야기를 다루고 있는 『오만과 편견』이 떠오릅니다. 주인공이 헷갈리거나, 책을 읽을 때 특정 작품이 자꾸 떠오른다면 독서 노트 한 장에다가 비교해 봅니다.

작은 아씨들 vs. 오만과 편견

날짜: 6월 29일 #비교분석 #자매 이야기 #무엇이 다른가 #비슷하면서도 다른

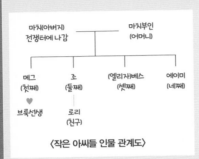

〈작은 아씨들 인물 관계도〉

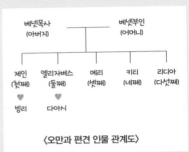

〈오만과 편견 인물 관계도〉

〈비슷한 점〉

- 모두 자매의 이야기다.
- 첫째가 자매 중 가장 아름답다.
- 둘째가 주인공이다. 활달하고 진취적인 성격이 비슷하다.
- 남자 주인공이 둘째와 친하다.
- 두 책의 자매 중에 엘리자베스라는 이름이 있다.

〈다른 점〉

- 『작은 아씨들』은 딸이 네 명이고 『오만과 편견』은 다섯 명이다.
- 『작은 아씨들』은 남자 주인공이 둘째와 친구 관계이지만
  『오만과 편견』은 둘째와 연인 관계로 발전한다.
- 어머니의 성격이 다르다.
  『작은 아씨들』의 마치 부인은 딸이 돈에 치중하기보다는 현명한 결혼을 하기 바라는 데 비해
  『오만과 편견』의 베넷 부인은 돈과 명예를 중요시하며 딸이 부잣집에 시집가기를 원한다.

※ 책을 읽고 나서 같은 작품의 영화를 보여 주면 아이들이 참 좋아합니다. 영화를 보고 나서 책과 비교한 내용을 독서노트에 간단히 기록해 봅니다.

작은 아씨들 vs. 영화

〈작은 아씨들〉 영화를 보고 나서
날짜: 7월 5일

◆ **책을 읽고 상상했던 주인공의 모습과 가장 비슷한 인물은 누구인가요?**

로리: 호리호리한 몸에 장난기 가득한 모습이 내 상상과 정말 비슷했다.

◆ **책을 읽고 상상했던 주인공의 모습과 가장 다른 인물은 누구인가요?**

에이미: 막내라서 작고 깜찍한 분위기의 소녀 이미지를 생각했는데 영화에서는 주관이 뚜렷하고 강한 이미지로 나온다.

◆ **인상 깊은 영화 대사나 장면은 무엇인가요?**

"분노에 내 좋은 점이 잠식되지 않게"

"해가 지기 전엔 화 푸는 거야."라는 대사가 인상 깊다.

조가 막내 에이미에게 화를 내고 후회하며 마치 부인과 대화하는 부분이다. 섣불리 화를 내면 일을 그르치고 만다. 또한 조가 의도하진 않았지만 에이미가 얼음물에 빠진 것처럼 분노가 오래가면 일이 나쁘게 흘러갈 수 있다. 책을 읽을 때도 그 부분이 인상 깊었는데, 영화를 볼 때도 역시 마음에 와닿았다.

◆ **영화에 나오지 않아서 아쉬웠던 책 속의 장면이 있나요?**

조와 프레드가 크리켓 경기를 하는 모습이 영화에서는 살짝 언급만 되어 아쉬웠다.

◆ **그 외 느낀 점을 자유롭게 써 봅시다.**

『작은 아씨들』의 네 자매가 성인이 된 이야기까지 영화에 나와서 새로웠다. 조와 로리가 결혼할 줄 알았는데, 조와 에이미가 결혼하다니! 그 당시에는 여자가 결혼하지 않고 혼자서 돈을 벌어 자립할 수 없었다는 사실에 속상했다. 『작은 아씨들 2』도 읽어 보고 싶다!

책으로 상상했던 사람의 모습을 실제 배우로 보니 신기하고 재미있었다.

E-3	※ 같은 책이라도 번역에 따라 느낌이 매우 다릅니다. 표지와 번역, 여력이 되면 책의 두께와 질감 등을 자세히 관찰하고 소장하고 싶은 책을 선택해 보는 활동도 아이들이 주체적으로 책을 고르고 보는 데 도움이 됩니다.

어린 왕자 비교분석

#블라인드테스트 #내가 가장 마음에 드는 책 뽑기 #내 소장용 책은?

1. 가장 내 마음에 드는 표지는?

A출판사	☆ ☆ ☆	B출판사	☆ ☆ ☆	C출판사	☆ ☆ ☆

2. 가장 내 마음에 드는 번역은?

「'길들인다'는 게 무슨 뜻이야?」
「그건 모두들 너무나 잊고 있는 것이지」. 여우가 말했다. 「그건 관계를 맺는다는 뜻이야.」
「관계를 맺는다고? 물론이지.」 여우가 말했다. 「너는 아직 내게 세상에 흔한 여러 아이들과 전혀 다를 게 없는 한 아이에 지나지 않아. 그래서 나는 네가 필요 없어. 너 역시 내가 필요 없지. 나도 세상에 흔한 여러 여우들과 전혀 다를 게 없는 한 여우에 지나지 않는 거야. 그러나 네가 나를 길들인다면 우리는 서로 필요하게 되지. 너는 나한테 이 세상에 하나밖에 없는 것이 될 거야. 나는 너한테 이 세상에 하나밖에 없는 것이 될 거고.」

A출판사	☆ ☆ ☆ ☆ ☆

"'길들인다'라는 게 무슨 뜻이야?" "이제는 많이 잊힌, '관계를 맺는다'라는 뜻이야."
"관계를 맺는다고?" "그래. 지금 너는 나에게 수많은 작은 소년에 지나지 않아. 난 네가
필요하지 않고, 물론 너도 내가 필요하지 않지. 나도 너에게 수많은 여우 중 하나에 지
나지 않으니까. 하지만 네가 나를 길들인다면 우리는 서로 필요한 존재가 되는 거야. 나
한테 너라는 존재는 세상에 하나밖에 없는 사람이 되는 거고, 너한테 나는 세상에 하나
밖에 없는 여우가 되는 거니까"

B출판사	☆ ☆ ☆ ☆ ☆

"'길들인다'는 게 무슨 뜻이야?" "그것은 너무 잊혀졌어…." 여우가 말했다. "그건 '관계
를 맺는다'는 뜻이야."
"관계를 맺는다고?" "물론이야…." 여우가 말했다. "너는 아직 수많은 아이들처럼 내게
는 한 작은 소년에 불과해. 그리고 나는 네가 필요하지 않아. 너도 어쨌든 내가 필요하지
않고. 나는 너에게 수많은 여우들처럼 단지 한 마리 여우인 거야. 하지만 만약 네가 나를
길들이면, 그때부터 우리는 서로가 필요하게 되는 거야. 너는 내게 온 세상에서 유일한
게 되는 거지. 나는 네게 온 세상에서 유일한 게 되는 거고. "

C출판사	☆ ☆ ☆ ☆ ☆

3. 내가 책을 산다면 어떤 책을 사고 싶나요?

(　　　　　) 출판사
그 이유:

※ A출판사: 열린책들, B출판사: 더클래식, C출판사: 새움

독서 리스트는
어떻게 작성할까?

번호	날짜	분류	제목	지은이 / 출판사	상태	쪽	추천
1	8/2	관심사 (문학)	빨간 머리 앤	루시모드 몽고메리 / 시공주니어	☆	400쪽	★★★

　독서 리스트를 작성하면 한눈에 어떤 책을 읽고 있는지 확인할 수 있습니다. 그리고 아이의 취향에 따라 한 책만을 읽는 것이 아니라 여러 책을 동시에 읽을 수도 있습니다. 독서 리스트를 작성할 때는 내가 책을 읽고 싶어서 몇 페이지라도 본 책들을 날짜순으로 순서를 매기며 기록합니다. 다 읽지는 않았더라도 어떤 책이 나의 손을 거쳐 갔는지, 그리고 내가 읽은 책의 총 권수는 몇 권인지를 알게 됩니다.

　지금 읽는 책이 어느 대분류에 들어가는지 씁니다. 소분류는 필수 사항은 아니지만 관심사라면 구체적으로 '요리'라든지 '만들기'라든지 아니면 이야기책이라면 '문학'이라든지 과목과 관련되면 '과학'이라든지 자기만의 소분류가 생길 수도 있습니다. 그래서 대분류 아래 소분류를 쓰고 싶다면 괄호 안에 기록합니다. 소분류는 바로 쓰지 않아도 됩니다. 읽은 책이 몇 권 모이다 보면 그 속에서 적절한 소분류 이름을 찾을 수 있습니다.

제목과 지은이를 씁니다. 읽기의 상태는 기호로 쓰는 것이 좋습니다. 일단 공간 활용 면에서도 우수하고 가시성이 뛰어나 직관적으로 파악하기 쉽습니다. 그리고 다소 딱딱한 느낌의 독서 리스트에 미적인 효과를 줄 수 있습니다. 읽은 책의 제목을 쓴 후 기호를 사용해 다 읽었는지, 아직 읽기 중인지를 표시합니다. 대부분의 독서 노트에 가장 많이 쓰는 기호는 '☒' 혹은 '☑' 표시입니다.

저는 아이들이 좋아할 만한 기호를 만들어 보았습니다. 초등학생은 좀 더 예쁘고 아기자기한 것을 좋아하고 기호를 보고 바로 확인할 수 있는 것을 좋아합니다. 그래서 아직 덜 되었다는 뜻으로 책을 읽기 중이면 '△' 다 읽었으면 '▽'를 추가하여 '✡'을 만듭니다. 기특하게도 같은 책을 한 번 더 읽었다면 '별에 동그라미 ✡' 표시하게 하고 정말로 드물겠지만 책이 너무나 좋아서 한 번을 또 읽었다고 하면 그 안에 색칠 '✪'을 하게 하면 어떨까요?

이런 책의 표시 기호는 아이들과 함께 만들어도 좋고 선생님의 아이디어에 따라 예쁘게 만들어 보면 좋겠습니다. 이 책의 독서 리스트는 제가 만든 기호로 항목을 만들어 보았습니다. 추천은 배울 점이 많은 책이거나 다른 사람에게 추천하고 싶은 책이라면 그 정도만큼 별표에 색칠하게 합니다. 독서 리스트 중에서 별표가 가장 많은 책을 독서 노트에 쓰면 좋겠지요?

쪽수 항목에는 고른 책의 전체 쪽수를 씁니다. 이는 독서 리스트가 몇 줄이 되지 않더라도 쪽수의 양을 보면 어떤 두께의 책을 읽는지 파악할 수

있습니다. 독서 리스트의 줄을 길게 쓸 수 있는 다독도 중요하지만 독서
리스트에 몇 줄 쓰지는 못하지만 두께가 있는 책을 읽는 경험도 중요합니
다. 따라서 쪽수 항목도 기재하였습니다. 위의 예시 항목을 그대로 사용하
거나 상황에 따라 필요한 부분만 선택해서 사용합니다.

한 달
독서 계획표를 짠다

어쩌면 독서 노트 쓰기에서 가장 중요한 부분일 수 있습니다. 독서 노트를 꾸준히 지속해서 쓸 수 있는 환경을 만들어 주는 것입니다. 습관이 되려면 완벽하게 하려는 욕심부터 버려야 합니다. 조금이라도 독서 노트를 썼다면 성공입니다. 교실에서 독서 교육을 한다면 선생님이 독서 노트 쓰는 시간을 일주일에 한 번 정도 주는 것이 필요합니다. 일주일에 한 번씩만 써도 1년에 최소 30권을 쓸 수 있습니다.

독서 노트를 쓰려면 어느 정도 독서량이 필요합니다. 현 교육과정에서도 독서 교육은 중요시하고 있습니다. 학교에서 틈틈이 활용할 수 있는 자투리 시간을 활용하여 스스로 독서 계획을 세우게 합니다.

무슨 책을 읽을지 미리 계획을 세우는 활동은 무척 중요합니다. 목표가 가시적으로 보이면 동기가 유발되고 실행력이 높아집니다. 나애정의 『하루 한 권 독서법』에서도 어떤 책을 읽을지 미리 계획하는 것은 독서를 가능하게 하는 강력한 환경이 되고 독서를 생활 일부가 되게 하는 도구라고 했습니다.

독서 시간 계획을 세울 때는 '일주일에 1권 읽기'보다는 '집에서 저녁식사 후 30분 독서', '등교 후 수업 전까지 20분 독서' 등 하루 중 언제의 시간을 독서에 활용할지 생각해 보는 시간을 갖게 합니다. 그리고 무슨 책을 읽을지 미리 생각해서 써 둡니다. 자세한 내용은 독서 달력 양식을 참조바랍니다.

독서가 습관이 되도록 하는 가장 중요한 점은 뇌가 거부감을 느끼지 않을 정도의 작은 행동을 빠짐없이 매일 해나가는 것입니다. 습관을 완성하기 위해서는 자기효능감이 필요합니다. 자기효능감은 쉽게 말해서 잘할 수 있다는 믿음입니다. 이러한 자기효능감을 갖기 위해서는 작더라고 성취한 경험이 중요합니다. 즉, 작은 성공의 경험이 쌓여 '할 수 있다'는 자신감을 가지게 되고 그 자신감은 다시 꾸준히 독서 노트 쓰기를 해나갈 원동력이 됩니다.

마크 레클라우는 『끝까지 가는 30일 습관법』에서 하나의 습관을 들이기 위해 최소 21~30일가량이 걸린다고 말합니다. 독서시간 20분을 목표로 세웠다면 이 시간은 어떻게 해서든지 꼭 확보해야 합니다. 만약 교실에서 책을 읽는다면 선생님이 아예 20분 시간을 내어 독서시간을 만들어 주면 아이들 모두 하루 독서량을 채우고 책 목표 리스트에 동그라미를 칠 수 있습니다. 동그라미 하나를 날마다 체크하는 것은 작지만 기쁨을 줍니다. 독서시간이 쌓이는 모습을 바로 확인할 수 있고 오늘도 독서를 해야겠다는 의지가 생기기 때문입니다.

일단 20분이라는 최소의 시간을 잡고 시작해 봅시다. 그 이상 책을 읽는 것은 아이의 자율에 맡깁니다. 최소 한 달 이상 이렇게 학교나 가정에서에서 독서 성공의 경험을 쌓아 주면 독서 습관을 들이는 데 도움이 됩니다.

독서 달력

– 관심사: 꼬르륵 식당, 유튜브 쫌 하는 10대, 샬롯의 거미줄
– 진로: 두근두근 N잡 대모험
– 추천도서 [2]: 채근담, 갈매기의 꿈

[2] 추천도서는 학교 추천도서와 같이 선생님이
제시하는 도서목록입니다. 그 중에서 아이가
선택한 책을 말합니다.

◎ 책 읽을 수 있는 시간

– 월~수: 8시~8시 30분, 목~금: 7시~7시 30분, 주말: 오전 9시~

◎ 독서 노트 [3]: 갈매기의 꿈

주		월	화	수	목	금	주말(1회)
1주	성취	O	O	X	O	O [4]	O
	책제목	갈매기의 꿈	갈매기의 꿈		갈매기의 꿈	꼬르륵 식당	꼬르륵 식당 두근두근 N잡
	메모	30분 더 읽음		너무 바빴음 ㅜㅜ			[5]주말에 2시간! 날 칭찬해
2주	성취	O	O	O	O	X	X
	책제목						
	메모						

[1] 책을 읽다 보면 더 읽고 싶은 책이 생기게 마련입니다. 키프린트에서도 이미 제시했듯이 A4 독서 노트에 더 읽고 싶은 책을 기록하지만 한곳에 따로 모아서 기록해 두면 도서관에서 책을 빌리거나 구매할 때 독서 노트를 뒤적이지 않고 바로 찾을 수 있습니다. 그리고 독서 리스트와 마찬가지로 읽고 싶은 책의 목록을 관리하면 책 읽기에 대한 동기부여가 될 수 있습니다. 따라서 월별 계획 양식에 한 달 동안 책을 읽으면서 읽고 싶은 책을 관리하며 활용합니다.

[3] 해당 달에 독서 노트를 쓴 책 제목을 씁니다.

[4] 성취 표시가 많으면 꾸준히 책을 읽으려고 애쓴 행동에 대해 칭찬을 많이 해줍니다. 반 전체가 ○ 개수가 많을 때는 이벤트와 보상을 해줘도 좋습니다. 독서 달력은 스스로 세운 목표가 곧 자신과의 약속이므로 솔직하게 적도록 지도합니다.

[5] 자유롭게 다이어리를 쓰듯이 씁니다.

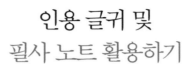

인용 글귀 및
필사 노트 활용하기

인용 글귀 노트 만들기

영국 작가 윌리엄 서머싯 몸은 "책 속에서 우연히 발견한 나에게 의미 있는 한 대목, 어쩌면 단 한 구절만으로도 책은 나의 분신이 된다."라고 말했습니다. 책 속에서 한 문장을 만나는 것만으로도 그 책은 가치가 충분하다는 말이겠지요? 책을 읽다 보면 꼭 쓰고 간직하고 싶은 문장이 있게 마련입니다.

하지만 읽은 책 모두를 독서 노트에 쓸 수는 없습니다. 독서 노트에 쓰지 않는 책 중 간직하고 싶은 문장만을 따로 뽑아 기록해 두는 인용 글귀 노트를 만듭니다. 꼭 필요한 것은 아니지만, 아이들이 괜찮다면 인용 글귀 노트를 따로 만들어 보세요. 힘들 때 그 노트를 쭉 읽는 것만으로도 비타민처럼 내 마음에 용기를 주고 따뜻한 위로가 되는 경험을 할 수 있습니다.

저는 책을 읽다가 소개해 주고 싶은 좋은 문장을 만나면 칠판이나 온라인 학급 홈페이지에 소개합니다. 그리고 '보석 글귀'를 만들어 아이들과

함께 써보고 나누고 있습니다. 칠판에 한 자 한 자 눌러 쓰다 보면 제 마음
도 함께 정화되는 기분이 느껴집니다. 고전의 한 구절이나 명언, 책 속 한
글귀 등을 아이들과 공유하니 짧은 시간을 활용하여 좋은 주제에 대해 생
각해 볼 수 있어 좋습니다.

　선생님이 선정한 글을 따라 써 보며 인용 글귀 노트를 쓰는 데 익숙해
지면 아이들 스스로 책을 읽다가 좋을 글을 모으는 활동으로 발전합니다.
아이들끼리 좋은 글들을 서로 추천해 보고 이제 선생님의 추천 글 대신

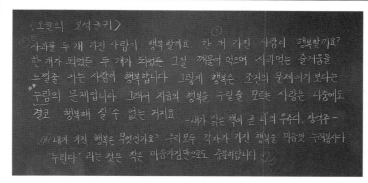

등교 수업 시 칠판에 소개

**온라인 수업 시
온라인 학급 홈페이지에 소개**

155

아이들이 추천한 인용 글귀 중 하나를 함께 읽어 보고 나누는 시간을 갖는 것도 좋습니다.

필사 노트 만들기

인용 글귀 노트와 필사 노트는 차이점이 있습니다. 필사 노트는 대체로 한 책을 꾸준히 베껴 쓴다는 의미이고 인용 글귀 노트는 전체 책 중에서 마음에 드는 부분만 필사하는 것이라고 볼 수 있습니다. 그런데 저는 필사에 대해 다소 회의적이었습니다. 아마 한 번쯤은 학창 시절에 필사한 경험이 있을 것입니다. 그에 대한 기억이 어떠한가요?

존 버닝햄의 『지각대장 존』에 나오는 존 페트릭 노먼 맥헤너시처럼 '다시는 지각을 하지 않겠습니다.' 100번 쓰기, 혹은 '국어 읽기 책 베껴 쓰기' 한 번쯤은 해보지 않으셨나요? 사실 이런 필사는 단지 빨리 쓰고 싶어서, 쓰는 활동에서 그저 벗어나기 위해 손이 아프도록 빨리 썼습니다. 그렇기에 아무런 교육적 효과가 없었습니다. 아무리 좋은 내용일지라도 아이의 마음과 생각이 같이 따라 주지 않으면 아무 소용이 없습니다.

반면 아이가 자발적으로 하면 큰 효과를 냅니다. 작가들도 글쓰기 실력을 올리고 싶을 때 닮고 싶은 작가의 글을 필사합니다. 자기도 모르게 닮고 싶은 작가의 문체 스타일을 체화하기 때문입니다.

"글이란 눈으로 보고 입으로 읽는 것이 결국 손으로 한 번 써보는 것만 못하다."라는 조선 후기 실학자 이덕무의 말처럼 초등학생들에게 필사는 글의 내용을 마음에 새기기에 좋은 방법입니다.

아이들에게 필사하면 어떤 효과가 있는지 자세히 안내하는 것이 무엇보다 중요합니다.

『명심보감』, 『사자소학』, 『논어』, 『어린 왕자』, 『아낌없이 주는 나무』 등 필사할 책을 선정한 다음 필사하면 어떤 점이 좋은지, 선정한 책의 장점은 무엇인지를 충분히 설명하고 시작합니다. 종종 책 내용을 묻고 답하며 지속적인 관심을 가져야 아이도 필사하는 내용을 마음에 담으며 베껴 쓸 수 있습니다. 아이가 직접 필사하고 싶은 책을 지정해서 쓴다면 좀 더 적극적으로 참여할 수 있습니다.

인용 글귀와 필사 노트는 꼭 A4 양식에 쓸 필요는 없습니다. 들고 다니기 좋고 보기 좋은 예쁜 공책으로 해도 좋습니다.

어떻게 관리하고
보관할까?

바인더 보관법

키프린트, 독서 리스트, 낱장의 A4 독서 노트는 바인더에 끼워 넣어 활용합니다. 바인더 두께는 2cm, 3cm, 5cm로 종류가 다양합니다. 5cm는 부피가 아주 큽니다. 부피가 크면 휴대성이 떨어지고 책상에 올려놓았을 때 공간을 너무 차지해서 쉽게 활용하기 어려울 수 있습니다. 그리고 2cm는 사용해 보니 얇아서 좋았지만 바인더 고리 크기가 작아 아이 힘으로 고리를 누르고 열기가 어려웠습니다. 3cm 두께의 바인더가 적당합니다.

예쁜 바인더를 준비했으면 첫 장에 월별 독서 계획 양식을 넣고, 두 번째 장에는 독서 리스트 양식, 세 번째 장에는 키프린트를 넣어 줍니다.

다음으로는 인덱스를 관심사, 진로, 추천도서의 순으로 간지를 준비해 줍니다. 작성한 독서 노트를 해당 주제에 맞게 스스로 분류하게 합니다. 편집 위치가 잘못되었다거나 읽었던 책에 대한 추가 사항을 첨부할 때도 마찬가지로 맞는 자리를 찾아서 끼워 넣으면 됩니다. 따로 활용이 필요한 독서 노트의 내용이 있다면 빼서 활용한 후 다시 제자리에 넣어 둡니다.

하이브리드 관리법

'하이브리드 관리'라는 것은 손글씨로 쓴 독서 노트를 온라인상에 올리는 활동입니다. 온라인상에 글을 올리면 또 다른 새로운 세상이 펼쳐집니다. 나의 독서 노트 자료가 데이터베이스화되어 언제 어디서든 인터넷만 연결되면 찾아보고 활용할 수 있습니다. 또한 장기적으로 꾸준히 활용할 수 있어서 성인이 되어서까지 요긴합니다. 이처럼 아날로그 방식과 더불어 디지털 방식도 병행하면 좋습니다.

추천하는 하이브리드 관리법은 모바일과 컴퓨터를 넘나들며 사용할 수 있는 것과 독서 기록으로 전문화된 스마트폰 앱을 사용하는 것, 두 가지가 있습니다. 모바일과 컴퓨터에서 모두 사용할 수 있는 하이브리드 방식에는 '에버노트'와 '블로그'가 있습니다. 이 두 가지 모두 모바일과 컴퓨터에 같은 정보를 저장할 수 있고, 저장한 정보를 다양하게 활용할 수 있습니다. 메모나 자료 누적에 특화된 것은 '에버노트'이고, 보다 대중적이고 소통할 수 있는 것은 '블로그'입니다.

첫 번째로 에버노트에 대해 살펴보겠습니다. 에버노트는 각종 자료를 정리하여 저장할 수 있습니다. 가장 큰 장점은 손글씨와 이미지를 문자로 인식할 수 있다는 것입니다. 독서 노트를 이미지 파일로 올리면 독서 노트 속 글씨도 인식하여 검색할 수 있습니다. 에버노트에서 글자를 검색하게 하려면 글씨를 또박또박 써야 하니 예쁘게 글씨를 쓰라고 동기를 부여할 수 있습니다. 에버노트는 아래 사진과 같이 꼭 독서뿐만이 아니라 여러 좋은 아이디어나 생각, 일상들을 자유롭게 기록해 나갈 수 있습니다.

두 번째로 블로그에 대해 살펴보겠습니다. 블로그는 누구에게나 친숙한데, 블로그 만들기 또한 어렵지 않습니다. 스킨 디자인부터 폴더 목록까지 자기의 스타일대로 꾸며서 시작하면 됩니다. '독서 노트' 혹은 '독서 기록' 등 적당한 제목을 붙여 꾸준히 올리면 됩니다. 블로그는 이미지 글자가 검색되지 않으므로 검색을 위하여 키워드 중심으로 태그를 입력해 두면 좋습니다. 블로그는 글을 '공개'로 올릴 때는 스캔한 원본 그대로의 독서 노트보다는 새로 글을 쓰는 것이 이웃들에게 가독성이 좋습니다. 가끔 예쁘게 책 사진을 찍어 책 서평을 올려도 좋습니다.

독서 관련 앱도 여러 가지 종류로 나와 있습니다. 세 가지를 소개하자면, 첫 번째로 '비블리Bibly' 앱이 있습니다. 비블리는 책을 사진 찍거나 책구매 사이트에서 책을 업로드하면 서재에 자동 등록되는 시스템입니다. 소개하는 앱 중에서 책을 등록하는 방법이 가장 다양하고 편리합니다. 책을 등록하면서 바로 주제별로 자동 분류가 되어 서재에 입력됩니다. 책의 저자나 책에 대한 정보를 클릭만 하면 쉽게 찾아 읽을 수 있고 다른 사람의 소셜 리뷰도 확인해 볼 수 있습니다. 읽은 책에 대해 독서 노트를 쓸수 있고 페이지별로 인상 깊은 문장을 기록하거나 사진을 찍어 올리기에

도 편리합니다.

두 번째로는 '리더스' 앱이 있습니다. 리더스 앱도 비블리와 마찬가지로 책을 등록하면 관심 있는 분야를 알 수 있고 다른 사람의 서평을 함께 보면서 소통할 수 있습니다. 리더스 앱의 가장 큰 장점은 책 사진을 찍고 형광펜으로 밑줄을 그어서 저장할 수 있다는 것입니다. 그리고 독서 달력이 독서 노트를 쓴 날짜에 표지로 삽입되어 가시성이 좋습니다. 읽은 책이 아니라 독서 노트 쓴 책이 달력에 예쁘게 표시되니 저절로 독서 노트를 쓰고 싶은 마음이 듭니다. 전체적으로 귀엽고 아기자기한 구성이 돋보입니다.

세 번째로는 '독서 다이어리 2.0'이라는 앱이 있습니다. 이 앱은 독서

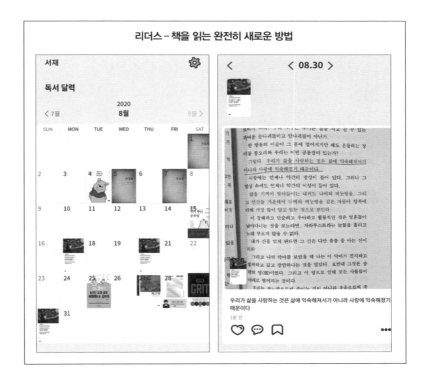

노트를 쓰고 보관하기에 가장 심플하고 간편합니다. 서재의 색깔로 자신이 분류하고 싶은 주제를 나눈 후 읽은 책들을 등록하고 독서 노트를 쓰면 됩니다. 독서 다이어리는 책의 전체 페이지를 입력하고 책을 읽을 때마다 페이지 스크롤을 넘기며 표시할 수 있는 기능이 있습니다. 스크롤을 끝까지 넘기면 '완독'이라는 별표 스티커가 붙어 뿌듯함을 더해 줍니다. 그리고 직접 쓴 독서 노트를 사진 찍거나 글을 써서 올릴 때 편리합니다.

독서 노트의
효과를 높이는 방법

또다시 읽으면 또 다른 느낌

우리는 대부분 한 번 읽은 책은 두 번 다시 읽지 않는다. 게다가 과제가
아니면 독후감은 전혀 쓰지 않는다. 책은 읽고 그냥 덮어버리는 메뉴판
이 아니다. 괴테가 제자에게 그랬듯, 반드시 읽고 생각한 것을 노트에
적는 시간을 가져야 한다. 중요한 것은 같은 책을 백 번 읽으며 늘 같은
것만 얻어낸다는 것은 나의 독서가 잘못되었다는 것을 의미한다. 같은
책이라도 여러 번 읽으며 전에는 발견하지 못했던 수많은 영감을 발견
해 낼 수 있다. 그게 바로 진짜 책을 읽는 사람의 풍모다.

김종원의 『사색이 자본이다』에 나오는 글입니다. 독서에서 재독이 얼
마나 중요한 활동인지 잘 설명합니다. 책과 마찬가지로 독서 노트를 다시
읽는 것도 아주 중요합니다. 사실 독서 노트를 쓰는 목적 자체가 다시 읽
기 위함입니다.

독서 노트를 다시 읽다 보면 인상 깊은 장면이 새록새록 떠오릅니다. 때로는 '이 책에 이런 내용도 있었나?' 하는 생각으로 책 내용을 되짚어 볼 수도 있고 전에 느꼈던 생각을 토대로 새로운 생각을 할 수도 있습니다.

독서 노트는 쓰는 시간도 중요하지만 종종 자신의 독서 노트를 시간을 내어 읽어 볼 수 있게 합니다. 독서 노트를 쓰는 것 못지않게 중요한 활동입니다.

"독서의 진정한 기쁨은 몇 번이고 그것을 되풀이하여 읽는 데 있다."라는 D.H 로렌스의 명언을 이렇게 바꿔 보면 어떨까요? '독서 노트 쓰기의 진정한 기쁨은 몇 번이고 그것을 되풀이하여 읽는 데 있다.'

독서 노트로 한 편의 글 써 보기

독서 노트는 짤막짤막한 생각의 단편에 가깝습니다. 구슬도 꿰어야 보배라는 말이 있듯이 이러한 독서 노트 속 생각의 재료를 엮어 한 편의 글을 쓰는 활동은 독서 노트의 활용성을 최대로 끌어올리는 활동입니다.

독서 노트를 가지고 한 편의 글을 쓰기에 가장 편안한 방식은 '내가 읽은 책을 친구에게 소개하기'입니다. 책의 표지를 보고 느낌은 어땠는지, 줄거리는 어땠는지, 인상 깊은 문구나 그 문구를 보고 든 생각은 무엇이었는지 등 독서 노트에 쓴 내용 중 친구에게 들려주고 싶은 이야기를 골라 줄글로 쓰면 쉽게 쓸 수 있습니다. 다음은 C타입의 독서 노트입니다. 빨간색으로 표시한 부분이 소개글로 활용된 사례입니다.

책 먹는 여우와 이야기 도둑

프란치스카 비어만(글 · 그림)

날짜: 7월 15일　#책먹는여우 #이야기도둑 #글잘쓰기비법 #여우털색깔수첩

〈책만남〉

〈책 읽기 전 포스트잇 붙인 내용〉

『책 먹는 여우』 두 번째 이야기? 그럼 첫 번째 이야기도 있다는 얘긴데……

표지: 여우가 책을 먹고 있는 그림이 재미있다. 여우가 진짜 책을 먹을까?

이야기 도둑은 누구일까? 궁금하다.

〈책보기〉

p.3

탐정소설 『제키 마론』 시리즈는 책이 나올 때마다 베스트셀러 1위에 올랐어요.

- 여우 아저씨가 지은 『제키 마론』 소설을 나도 읽어 볼 수 있으면 좋겠다. 얼마나 재미있을까?

p.10

아저씨는 귀를 쫑긋 세우고 눈을 번쩍 뜨고 코를 킁킁거리면서, 신기하고 이상야릇한 것들을 찾아다녔어요. 그리고 그것들을 모두 여우털 색깔 수첩에 꼼꼼히 적었어요.

- 여우 아저씨가 재미있는 글을 써서 베스트셀러 작가가 될 수 있었던 것은 아무래도 신기하고 재밌는 것들을 써놓은 저 수첩 때문인 것 같다.

p.50

하지만 도대체 글이 써지지 않았어요. 어떻게 써야 하는지도 모르겠어요. 당신이 창고에 보관한 수첩과 물건들…… "대체 그걸로 어떻게 글을 쓰는 거예요?"

- 생쥐 몽털이 글을 잘 쓰고 싶어서 여우의 수첩을 훔쳤는데 생각보다 글이 잘 써지지 않아서 실망하는 모습이다. 이야기 재료도 중요하지만 글을 잘 쓰려면 또 다른 뭔가가 필요한 것 같다.

〈책놀기〉

1. 기억에 남는 장면은?

- 재미있는 이야기들을 하나하나 수첩에 모아두는 모습이 기억에 남는다.

- 여우 아저씨가 자신의 수첩을 훔친 몽털을 용서해 주고 글 쓰는 법을 알려 주는 모습이 감동적이었다. 나라면 속이 상해서 그렇게 하지 못했을 것이다.

2. 더 읽어 보고 싶은 책은?

이 책의 앞 이야기인 『책 먹는 여우』를 읽어 보고 싶다.

『책 먹는 여우와 이야기 도둑』
친구에게 소개하는 글쓰기

날짜: 7월 17일 #꼭읽어봐 #소개글 #이야기도둑 #글잘쓰기비법 #여우털색깔수첩

친구들아 안녕?
나는 『책 먹는 여우와 이야기 도둑』이라는 책을 읽었어.
이 책을 소개해 줄게.

작가는 프란치스카 비어만이고 그림도 같은 작가가 그렸다고 해.
앞표지를 보면 여우 아저씨가 책을 먹고 있는데 아주 인상적이야.
표지를 보니 여우 아저씨가 정말로 책을 먹는 건지 궁금해졌어.
그리고 '책 먹는 여우의 두 번째 이야기'라고 쓰여 있는 것으로 보아
이 책은 『책 먹는 여우』의 첫 번째 이야기가 있다는 뜻일 거야.
나는 아직 읽어보지 않았는데, 혹시 읽어본 사람 있니?

이 책을 읽으면서 가장 기억에 남는 장면은 여우 아저씨가 이상야릇하고 신기한 것들을
수첩에 써서 이야기 창고에 가득 쌓아 두는 장면이야.
아마 여우 아저씨가 베스트셀러 작가가 될 수 있었던 것도 다 이 수첩 때문이라고 생각해.
이 수첩의 이야깃거리에서 여우 아저씨의 화제작 『제키 마론』 시리즈가 탄생하거든.
뭔가를 써둔다는 것은 글을 쓰는데 참 중요한 일인 것 같아.
그런데 말이야. 여우 아저씨는 이 이야기 창고에 들어 있던
56개나 되는 수첩을 도둑맞았지 뭐야. 과연 누구에게 도둑맞았을까?
이야기해 주면 스포일러가 되니 이쯤 할게.
아마 글을 잘 쓰고 싶은 친구들은 이 책을 보면 도움이 될 거야.
그리고 그림도 아주 재미있어.
꼭 읽어 봐~. 후회하지 않을 거야.

나는 이제 '책 먹는 여우' 첫 번째 이야기를 읽어봐야겠다.
이제 너희들이 읽은 책도 소개해 주렴.

인용한 글귀를 아이들과 같이 읽기

독서 노트를 꾸준히 쓰다 보면 책 속에서 찾은 인용 문구들이 늘어납니다. 내 마음에 와닿은 문장이 다른 이들에게는 어떤 느낌을 줄까요? 인용 문구를 친구들과 함께 나누는 활동을 합니다. 독서 노트에 기록한 인용 문구 중 좋았던 글을 하나씩 추천하여 카드를 만들고 같이 읽어보며 칠판 앞에 붙여놓아 공유합니다. 또한 생활하면서 적절하게 인용 문구를 사용하는 친구들에게 칭찬을 많이 해줍니다.

친구의 독서 노트를 돌려 읽기

친구들의 독서 노트를 돌려 읽으면 새로운 자극이 됩니다. 자신의 독서 노트를 공개하고 싶어 하는 친구가 있다면 낱장으로 학급 게시판에 게시하는 것도 좋은 방법입니다. 공자는 세 사람이 같이 길을 가면 그중에 한사람에게는 꼭 배울 것이 있다고 했습니다. 마찬가지로 친구들의 독서 노트를 보며 '친구는 어떤 책을 즐겨 읽는지?', '책은 얼마나 읽었는지?', '같은 책을 읽었다면 어떻게 나의 독서 노트와 다른지'를 생각하는 기회가 됩니다. 친구들의 독서 노트를 구경하고 보는 것만으로도 많은 공부가 됩니다.

동기부여가 되는 적절한 보상

반 아이들이 단체로 독서 노트를 쓴다면 시기별로 적절한 보상을 하는 것도 좋은 방법입니다. 개별적이고 구체적인 칭찬과 보상도 좋지만 반 전체 단위로 보상을 하면 경쟁의 대상이 아니라 협력의 대상이 되므로 서로 독서 노트 쓰기를 독려하는 분위기가 만들어집니다. 예를 들어 반 전체의 독서 노트를 기록한 장 수가 100장이 되면 학급에서 아이들이 좋아하는 이벤트를 여는 것입니다. 혹은 선생님의 추천도서를 함께 읽는다면 각 분량에 따라 1회독, 2회독, 3회독 때마다 소소한 보상을 하는 것이 아이들에게 큰 격려와 재미를 줍니다.

그림 그리기, 학습 활동지 등 다양한 활동하기

독서 노트를 쓸 때 중요한 내용을 선별하여 마인드맵과 같은 그림을 그리거나, 책 표지 그리기, 주인공 상상해서 그리기, 만화 그리기 등 아이들의 요구에 따라 얼마든지 다양한 그리기 활동을 추가할 수 있습니다. 독서 노트 한쪽 면에 그림을 그려 두면 내용을 정리할 때 도움이 되고, 우뇌가 활성화되어 오래 기억에 남습니다. 그리고 인물에게 편지 쓰기, 독서 퀴즈 내기, 뒷이야기 상상하기 등 다양한 독후 활동들을 추가하여 독서 노트에 활용하면 좋습니다.

선생님과 부모님의 긍정적인 마인드

선생님과 부모님이 먼저 독서와 독서 노트 쓰기에 긍정적인 마음으로 실천하는 모습을 보여 주는 것이 중요합니다. 부모님은 물론 선생님의 열정과 마음가짐 또한 아이들에게 그대로 전달됩니다. 아이들은 선생님의 마음이 어떤지 깜짝 놀랄 정도로 잘 파악합니다. 그리고 그대로 모방합니다.

"얘들아 공부가 얼마나 재밌는데!"라고 하면 아이들은 '에이 설마요' 하고 편잔을 주면서도 선생님의 공부에 대한 태도를 그대로 보고 배웁니다. "선생님, 사실 공부가 재밌을 때도 있긴 해요' 라고 슬쩍 옆에 와서 인정하는 아이도 있었습니다.

그리고 더욱 놀랍게도, 아이들은 제가, 실제로 좋아하지는 않지만 교육을 위해 '의식적으로 좋아한다고 말하는 과목'과 '진짜로 좋아하는 과목'을 귀신같이 파악한다는 점입니다. 물론 과목에 대한 아이들의 개인적 취향은 무시할 순 없겠지만 다소 좋아하지 않는 과목에 대해 만회하고자 더 열심히 준비해서 가르치는 것과 진짜 좋아서 가르치는 것은 아이에게 따로 말하지 않아도 다 느껴 지나봅니다.

독서 노트를 쓸 때도 '독서 노트의 틀' 뿐만 아니라 독서 노트를 대하는 선생님의 열정적인 마음도 중요합니다. 선생님과 부모님이 먼저 책 읽기를 즐겨 하고 아이들과 함께 독서 노트를 공유하며 독서 노트를 잘 쓸 수 있도록 사려 깊게 안내하는 것이 결정적인 역할을 합니다. 이와 더불어 감탄과 칭찬까지 함께 한다면 아이들이 때로는 툴툴거리기도 하겠지만 곧 잘 따라오리라 생각합니다.

무엇보다 고전 읽기의 장점은 바로 다른 책 읽기가 수월해진다는 것입니다.
한 줄 한 줄 빡빡하게 고전을 반복해서 읽으면 창작 동화는 술술 읽힙니다.
고전을 한 권만이라도 완독하면 동화책은 만만하게 시작할 수 있습니다.

5장

아이들에게 인기 만점,
선생님이 추천하는 책

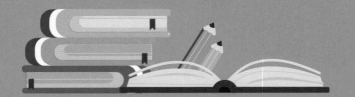

앞서 아이들이 선택해서 읽는 관심사와 진로 외에 선생님이 추천할 만한 책을 정리해 보았습니다. 책을 읽기 전 아이들의 호기심을 유발하기 위해 들려주면 좋을 만한 내용도 함께 실었습니다. 크게 동·서양 고전과 인물 단편집, 세계명작, 국내외 수상작으로 분류하였습니다.

첫 번째 추천 책은 '고전'입니다.『톰 소여의 모험』으로 유명한 미국의 소설가 마크 트웨인은 고전을 "모든 사람이 읽기 싫어하고 모든 사람이 이미 읽었으면 하고 바라는 책"이라고 정의한 바 있습니다. 이처럼 고전은 성인도 읽기가 쉽지 않습니다. 정신을 바짝 차리고 읽어야 합니다. 말이 어렵기도 하여 금세 딴생각이 나기도 합니다. 따라서 고전은 아이들에게 읽어 보라고 권하기만 할 게 아니라 아이와 함께 읽기를 추천합니다.

고전은 함축적인 의미를 많이 담고 있고 실생활과 연결해 생각할 거리가 무궁무진하므로 한 번에 많은 양을 읽기보다는 조금씩 매일 읽는 것이 좋습니다. 독서 노트 또한 한 번에 다 쓰지 않고 여러 날에 걸쳐서 완성하게 합니다. 독서 노트를 쓸 때 A4 용지에 책 제목을 써 두고 그날 읽은 내용에 따른 생각이나 느낌, 인용 글귀 등을 누적해서 기록하면 좋습니다(A타입).

고전은 다양한 생각거리를 제공합니다. 앞으로 내가 어떻게 살아야 옳은지, 가장 중요한 가치는 무엇인지, 효도는 왜 해야 하는지, 책을 왜 읽어야 하는지 등에 대하여 주체적으로 생각해 볼 기회를 제공합니다. 삶을 폭넓은 관점에서 바라보기 때문에 고차원적인 사고력을 발달시킬 수 있습니다. 무엇보다 고전 읽기의 장점은 바로 다른 책 읽기가 수월해진다는 것입니다. 한 줄 한 줄 빡빡하게 고전을 반복해서 읽으면 창작 동화는 술술 읽힙니다. 고전을 한 권만이라도 완독하면 동화책은 만만하게 시작할 수 있습니다.

두 번째는 '인물 단편선'입니다. 한 작가의 생각, 사상 그리고 그 작가만이 가진 아름다운 문체를 느끼고 배울 수 있습니다. 해당 작가에게 관심이 생기는 계기가 되고 작가의 생애나 작가의 작품 등을 더 찾아볼 수 있습니다. 독서 노트 한 장에 간단하게 정리해도 좋고, 작품별로 따로 독서 노트를 만들어도 좋습니다(A~D타입).

세 번째로는 '세계명작'입니다. 워낙 유명해서 제목부터 익숙하게 다가오기 때문에 편안하게 읽을 수 있습니다. 대부분 작가가 다른 유명한 작품을 쓴 경우가 많아서 작가를 키워드로 하여 한 작가의 작품을 이어서 읽어도 좋습니다. 명작은 주인공을 통해 삶을 긍정적으로 바라보는 관점을 자연스럽게 배울 수 있는 책이 많습니다. 주인공들의 주옥같은 대화와 배경 묘사는 아이들의 감성과 지성을 모두 깨워 줍니다(A~D타입).
세계명작의 장점은 영화나 만화와 같은 매체와 함께 활용할 수 있다는 점입니다. 책을 읽고 키프린트를 활용해 독서 노트를 쓰면서 생각을 깊게 한 후 마무리 타임에 영화를 활용합니다. 영화를 보면서 책 내용과 영화를 자연스럽게 비교해 봅니다. 그 내용 또한 독서 노트에 기록하면 알찬 독서 활동이 됩니다(E타입).

네 번째는 '수상작'입니다. 수상작 중 특히 국내 수상작은 단편뿐 아니라 장편 또한 그리 길지 않고 스토리가 재미있어 읽기에 좋습니다. 생활 밀착형 소재라 앞부분을 조금만 읽어도 아이들은 몰입해서 읽습니다. 다만 고전이나 명작에 비해 감동 글귀나 생각할 거리를 찾기가 쉽지 않을 수 있습니다. 스토리에 쏙 빠져 읽다 보면 생각할 거리를 찾기도 전에 책을 다 읽을 수도 있습니다. 그럴 때는 책을 다 읽고 나서 키프린트를 활용해도 됩니다(B타입). 가장 인상 깊은 장면은 무엇인지, 이 책을 통해 지은이가 말하고 싶은 내용은 무엇인지, 등장인물에 대한 자기 생각은 무엇인지 등을 다양하게 정리하며 독서 노트를 마무리합니다.

조금씩 나누어 읽기 좋은
동양 고전

1. 논어

하루 한 장[주] # 조금씩 읽기 # 고학년 추천 # 하루 한 문장 칠판 제시(전학년 가능)
독서 노트: 명문장 필사+느낌(누적), A타입

저자	공자	출판사	홍익출판사	추천	고학년	쪽수	424쪽

<저자 및 책 소개>

공자는 기원전 551년에 태어났으며 춘추시대 노나라 사람입니다. 어렸을 때부터 배우기를 좋아하고 예[주]에 뛰어났으며 서른 살 무렵부터 공자의 주위에 많은 사람이 모여들기 시작하였습니다. 공자는 인과 예에 입각한 자신의 사상을 현실 정치에 실현하고자 하였으나 원하는 만큼 뜻을 펼치지 못했습니다. 그러나 노년에 교육과 저술에 힘썼기에 그는 3,000명의 제자를 길러냈으며 그의 사상은 2500년이 지난 지금까지도 인간다운 삶을 살아가고자 하는 모든 이들에게 큰 가르침이 되고 있습니다.

『논어』는 공자와 그의 제자들이 세상 사는 이치나 교육, 문화, 정치 등에 대해 논의한 이야기들을 모은 책으로 '시대를 뛰어넘어 삶의 지혜를 전하는 동양철학의 최고봉'이라 표현합니다. 『논어』와 관련된 책이 3,000권이나 될 정도로 수많은 사람에게 많은 영감과 가르침을 줍니다.

<활용 팁>

총 20편이며 하루에 한 편씩 아이들과 읽기에 좋습니다. 다만 공자의 제자 이름, 직급, 그 시대에 쓰던 용어 등이 생소하고 어렵게 느껴질 수도 있습니다. 주석까지 읽으면 시간이 꽤 걸립니다. 한 편을 전체적으로 읽은 뒤 상황에 따라 마음에 와닿고 이해하기 쉬운 한두 장 정도를 깊게 이야기 나누고 필사하면 좋습니다.

<따라 쓰고 싶은 문장>

무언가를 안다는 것은 그것을 좋아하는 것만 못하고, 좋아하는 것은 즐기는 것만 못하다. -제6편 「옹야」

군자는 일의 원인을 자기에게서 찾고, 소인은 남에게서 원인을 찾는다. -제15편 「위령공」

2. 소학/사자소학

조금씩 읽기 # 완역본은 독서력 우수한 고학년 추천
독서 노트: 명문장 필사+느낌(누적), A타입

책 제목/ 저자	소학/주희	출판사	홍익출판사	추천	전학년	쪽수	430쪽
	어린이 사자소학/엄기원		한국독서지도회				172쪽

<저자 및 책 소개>

『소학』은 성리학을 집대성한 주희와 그의 제자인 유청지가 함께 작업하여 펴낸 아이들을 위한 수신서입니다. 내편 4권, 외편 2권으로 1187년에 완성되었습니다. 소학은 유교 사회의 도덕 규범 중 기본적이고 중요한 내용을 『예기』, 『논어』, 『맹자』와 같은 책에서 가려 뽑아 만든 유학교육의 입문서입니다.

『사자소학』은 소학과 기타 경전을 바탕으로 어린이가 이해하기 쉬운 내용을 뽑아서 한자 4자로 엮은 책입니다. 적은 양의 한자로 생활 속에서 지켜야 할 도덕 규범을 쉬운 문장으로 풀어서 썼습니다. 서당에서 천자문을 떼고 난 후 『명심보감』이나 『동몽선습』을 배우기 전에 초학자들의 기초교재로 널리 사용되었습니다.

<활용 팁>

『소학』은 풍부한 사례와 함께 당시의 시대상을 충분히 느낄 수 있습니다. 다만 『소학』 완역본을 함께 읽을 경우 봉건적이고 가부장적인 내용 때문에 여학생들이 엄청나게 반발할 수도 있습니다. 시대를 고려하더라도 불합리한 점이 많이 보입니다. 『소학』은 어느 정도 객관적이고 비판적 사고력이 생기는 고학년 아이들에게 적합합니다.

효, 형제 관계, 교우 관계, 스승과 제자, 수신 등 초등학생들에 가깝게 와닿는 내용으로 매일 조금씩 읽히고자 한다면 사자소학이 좋습니다. 뜻과 내용, 그리고 관련 동화까지 곁들여 있는 한국독서지도회의 『어린이 사자소학』이나 미래주니어의 『처음 만나는 사자소학』도 추천합니다. 한자 공부를 덤으로 할 수 있습니다.

<따라 쓰고 싶은 문장>

배우지 않으면 재능을 발전시킬 수 없고 마음이 고요하지 않으면 학문을 성취할 수 없다. -『소학』

3. 명심보감

조금씩 읽기 # 하루 한 문장 칠판 제시 # 전학년 가능 # 골라 쓰는 재미
독서 노트: 명문장 필사+느낌(누적), A타입

엮음	추적	출판사	홍익출판사	추천	전학년	쪽수	344쪽

<저자 및 책 소개>

지금 우리가 읽고 있는『명심보감』은 고려왕조 29대 충렬왕 때의 학자 '추적'이라는 사람이 엮은 초략본 20편과 5편의 증보편으로 총 24편이며 262장으로 구성되어 있습니다.『명심보감』은 '마음을 밝혀 주는 보배로운 거울'이라는 뜻으로 삶에 대한 교훈서입니다. 이 책에는 유가 및 도가 사상가, 정치가, 제왕, 성리학자 등 수많은 인물이 인용되었고, 공자 어록집, 역사서, 도가 계열 저작, 아동학습서, 시집, 민담 등 다양한 책들이 발췌본으로 쓰이고 있습니다. 선행, 효도, 자기 수양, 부지런함 등 다양한 가치와 덕목에 대해 배우고 자신을 살피며 가다듬을 수 있는 책입니다.

<활용 팁>

한 번에 한 편씩 읽고 마음에 와닿는 부분에 대해 경험과 연관 지어 대화 나누기에 좋습니다. 완역본도 읽기에 어렵지 않습니다. 다만 완역본은 당시의 문화를 바탕으로 하므로 임금과 신하, 신분 체제 등에 대해 공감하

기 어려울 수 있습니다. 하지만 이를 그 당시 문화의 시대적 한계라는 관점을 가지고 읽는다면 유익한 시간이 될 것입니다. 아이들이 좀 더 쉽게『명심보감』을 접하기에는 관련 동화와 생각해 볼 질문 등이 각 편별로 소개되어 있는 한국독서지도회의『어린이 명심보감』을 추천합니다.『명심보감』은 좋은 구절이 많아서 필사하기에도 좋습니다. 완역본을 보면서 노트에 따로 필사해도 좋고, HRS학습센터의『어린이를 위한 명심보감 따라쓰기』나 길벗스쿨의『기적의 명문장 따라쓰기』와 같이 필사 용도로 나온 초등학생 대상의 책도 많이 나와 있습니다.

<따라 쓰고 싶은 문장>

매우 어리석은 사람도 다른 사람을 탓할 때는 똑똑하다. 매우 총명한 사람도 자신을 용서할 때는 잘못을 한다. 너희들은 다른 사람을 탓하는 마음으로 자기를 꾸짖고 자신을 용서하는 마음으로 다른 사람을 용서하거라. 그렇게 한다면 성현의 경지에 이르지 못할까 걱정할 필요가 없다.

　-『명심보감』

4. 채근담

조금씩 읽기 # 하루 한 문장 칠판 제시 # 골라 쓰는 재미 # 명언집 느낌
독서 노트: 명문장 필사+느낌(누적), A타입

저자	홍자성	출판사	홍익출판사	추천	전학년	쪽수	348쪽

<저자 및 책 소개>

'홍자성'에 대한 기록은 많이 전해지지는 않지만 중국 명나라 사람으로 청렴한 생활을 하였다고 합니다. 그는 인생의 많은 풍파를 겪은 자신의 경험과 생각을 담아 『채근담』을 펴냈습니다. 책을 쓴 시기는 1607~1613년 사이로 추정합니다.

주옥같은 명언집과 같은 『채근담』은 동양의 『탈무드』라고 불립니다. 입신출세나 부귀공명보다는 나무뿌리를 먹듯이 평범하고 담담하게 사는 즐거움을 담고 있으며, 현재 나의 모습에 맞게 원만한 생활을 영위하기 위한 일종의 정신 수양서이자 처세 방법을 알려 주는 책입니다. 유교와 더불어 불교와 도교의 사상도 들어가 있습니다.

<활용 팁>

『채근담』은 전집 223장과 후집 135장으로 나뉘어 있으며 각 장이 2~10줄 정도로 짧막하게 이루어져 있습니다. 논어와 비교해 보았을 때 시대적 용어가 덜 쓰여 읽기 쉬운 느낌을 줍니다. 매일 몇 장씩 정해서 나누어 읽고 한 문장을 나의 생활과 연관지어 깊게 이야기를 나누어 봐도 좋습니다. 고전이다 보니 현재와 잘 맞지 않는 부분도 있습니다. 그리고 적극적인 사람의 눈에는 채근담에서 말하는 삶의 자세가 다소 조심스럽고 소극적이라고 생각할 수 있습니다. 자신의 생각과 다른 내용은 다른 대로 자신의 느낀바를 독서 노트에 작성해 봅니다.

<따라 쓰고 싶은 문장>

다른 사람을 믿는 것은 그 사람이 반드시 진실해서가 아니라 자기 자신이 진실하기 때문이다. 다른 사람을 의심하는 것은 그 사람이 반드시 속여서가 아니라 자기 자신이 먼저 속이기 때문이다. -『채근담』

조금씩 나누어 읽기 좋은
서양 고전

1. 탈무드(초등학생을 위한 탈무드 111가지)

하루에 이야기 하나 # 골라 읽어 주는 재미 # 독서 노트: key질문+느낌, B타입

엮음	세상모든책 편집부	출판사	세상모든책	추천	전학년	쪽수	400쪽

<저자 및 책 소개>

『탈무드』는 '위대한 연구, 위대한 학문'을 뜻합니다. 단순한 책이 아닌, 심오하고 방대한 문학입니다. 1만 2천 페이지에 달하는 『탈무드』는 기원전 500년부터 기원후 500년까지 구전된 내용을 2천 명의 학자들이 10년 동안 편찬했습니다. 물고기를 잡아 주는 것이 아니라 잡는 방법을 알려 주는 유대인 5천 년의 지혜이며 정보의 원천이라고 할 수 있습니다.

<활용 팁>

『탈무드』는 성인을 대상으로 한 책도 좋지만 다소 선정적인 부분이나 잔인함을 띤 부분이 있습니다. 수업시간에 다루기 불편할 수도 있으므로 초등학생을 대상으로 한 책을 추천합니다. 추천한 책은 총 111가지의 이야기로 되어 있고 쉽고 재미있게 이야기를 풀어 나갑니다. 재치 있고 유머러스한 이야기가 많이 담겨 있습니다. 수업시간에 하나의 이야기를 읽어 주고 이 이야기에서 말하고자 하는 바가 무엇인지 생각해 보면 좋습니다.

<따라 쓰고 싶은 문장>

"다윗은 이 동굴 속에 없다. 자 다들 나가자. 나가서 다른 곳을 찾아보자." 적군의 장군이 외쳤습니다. 적군의 발소리가 저벅저벅 멀어지자, 다윗 임금님이 중얼거렸답니다.

"오 하느님 고맙습니다. 제가 아주 쓸모없고 더럽다고 생각했던 거미가, 제가 그렇게 싫어했던 거미줄이 제 목숨을 구해 주었습니다. 하느님, 고맙습니다"-『탈무드』

2. 소크라테스의 변명 외

독서 의욕이 높은 고학년, '이해 안됨'을 즐기는 어린이 추천
도전정신이 필요함 # 생각 수준을 점프하게 하는 책 # 문장 자체를 꼭꼭 씹어 먹기
독서 노트: 어려운 문장, 명문장+느낌, A타입

저자	플라톤	출판사	범우사	추천	고학년	쪽수	144쪽

<저자 및 책 소개>

소크라테스는 고대 그리스의 철학자로 세계 4대 성인 중 한 사람입니다. 문답식問答式 대화를 통해 스스로 무지를 깨닫도록 하여 당시에 수많은 제자가 그를 따랐습니다. 이 책은 소크라테스가 직접 쓴 글이 아니라 그의 제자였던 플라톤이 그의 행적과 사상을 정리한 것으로 『에우튀프론』, 『소크라테스의 변명』, 『크리톤』 등 세 가지를 다루고 있습니다. 『에우튀프론』은 경신과 불경에 관한 내용이며, 『소크라테스의 변명』은 소크라테스가 법정에서 자신의 결백함을 어떻게 변론했는지에 관한 내용입니다. 『크리톤』은 탈출을 권유하는 친구 크리톤을 소크라테스가 설득하는 내용으로 악법도 법이라는 말이 여기에서 나왔으리라 생각합니다.

<활용 팁>

추천한 책은 『플라톤의 대화편』 수록 책 중에서 가장 작고 가벼운 책입니다. 그 내용은 성인이 읽어도 글의 흐름을 따라가자면 상당히 집중해야 합니다. 따라서 아이들의 심리적 부담감을 줄이기 위해 얇은 책으로 선정하였습니다. 아이들과 읽을 때는 세 편 중에서 소크라테스의 변명 편으로 시작하기를 추천합니다. '무지無知의 지知'와 같은 소크라테스의 사상을 집약적으로 잘 나타내고 있습니다. 그다음으로 『크리톤』, 『에우뒤프론』 순으로 권합니다. 혹여 더 관심이 있는 학생이 있다면 소크라테스가 사형되던 날의 대화를 다룬 『파이돈』도 추천합니다. 수준이 높은 편이라 철학을 좋아하고 독서력이 높은 고학년에게 추천합니다. 이 모든 편이 한 권으로 묶인 책 『플라톤의 대화편』도 있습니다.

<따라 쓰고 싶은 문장>

분명히 이 사람보다는 내가 더 지혜롭다. 왜냐하면 이 사람이나 나나 좋은 것과 아름다운 것에 대하여 전혀 아는 바가 없기는 마찬가지지만, 이 사람은 자기가 모르면서도 아는 듯이 생각하고 있고, 나는 모르고 있으므로 분명히 모른다고 생각하고 있는 것이다. 비록 대수롭지 않은 일이지만, 모르는 것을 모른다고 생각하는 것으로 보아 내가 이 사람보다 더 지혜가 있는 것 같다. -『소크라테스의 변명 외』

3. 명상록

\# 조금씩 읽기 \# 명언집 느낌
\# 좋은 글 선택하여 칠판 제시(중, 저학년) \# 전체 읽기는 독서력 높은 고학년 추천
\# 독서 노트: 명문장 필사+느낌(누적), A타입, D타입 질문: 어떻게 사는 것이 옳은 삶인가?

저자	마르쿠스 아우렐리우스	출판사	현대지성	추천	고학년	쪽수	270쪽

<저자 및 책 소개>

마르쿠스 아우렐리우스는 로마 제국의 16대 황제입니다. 161년 안토니우스 파우스 황제가 죽은 뒤 제위에 올라 180년까지 통치하였으며 나라를 평화롭게 다스렸다고 전해집니다. 『명상록』은 그가 자신의 생애 말기에 외적들의 침공을 제압하기 위해 도나우 지역으로 원정하러 간 10년 동안에 쓴 것으로 추정됩니다. 총 12권(부분)과 에픽테토스의 명언집이 부록으로 실려 있고 각 권마다 30~70장 정도의 짤막한 글로 나뉘어 있습니다. 어떻게 사는 것이 옳은 삶인지에 대한 성찰과 삶에 대한 새로운 시각을 배울 수 있습니다. 하버드대학, 옥스퍼드대학 등 명문대학에서 읽어야 할 고전으로 이 책을 꼽고 있으며, 미국 42대 대통령인 빌 클린턴이 즐겨 읽었다고 합니다.

<활용 팁>

이 책도 각 장마다 내용이 깊어서 생각하고 이야기 나눌 부분이 많으므로 한 번에 다 읽지 않고 조금씩 읽기를 권합니다. 일기 형식이어서 자유롭습니다. 문득 생각나는 점을 간단히 기록한 부분도 있고 의문 나는 점에 대해 스스로 묻고 답하는 부분도 있습니다. 또한 제11권 33장~38장까지는 에픽테토스의 『담화록』을 보고 마음에 와닿은 부분을 따로 발췌해 두기도 했습니다. 2000년 전 사람이 쓴 일기장이 마치 지금의 독서 노트와 비슷한 점이 많습니다. 독서 노트 지도에도 도움이 됩니다.

<따라 쓰고 싶은 문장>

너의 마음을 즐겁고 기쁘게 하고자 한다면, 네가 함께 어울리는 사람들의 좋은 점들을 떠올려보라. 예를 들면 이 사람은 활력이 넘치고, 저 사람은 겸손하며, 또 한 사람은 너그럽고, 또 다른 사람은 또 다른 어떤 좋은 점이 있다는 것을 생각해 보라. 우리와 함께 살아가는 사람들의 성품 속에서 여러 가지 다양한 미덕들을 여기저기에서 많이 나타나는 것을 생각해 볼 때만큼 즐겁고 기쁠 때는 없기 때문이다. 그러므로 그런 것들을 너의 머릿속에 간직해 두라. -『명상록』

4. 이솝우화 123가지

하루에 이야기 하나 # 골라 읽어 주는 재미
독서 노트: key질문+느낌, B타입

원작	이솝	출판사	한국어린이문화연구소	추천	전학년	쪽수	392쪽

<저자 및 책 소개>

'우화의 아버지' 이솝은 기원전 7세기 후반에서 6세기 초반 사이에 살았던 사람으로 피부가 검고 안짱다리에다 배가 불룩 튀어나오고 못생겼다고 전해집니다. 그는 그리스 시민인 이아드몬의 노예였으나 지혜롭고 이야기 솜씨가 좋아 주인이 자유인으로 놓아주었으며 그 뒤로도 각지를 떠돌며 이야기꾼으로 이름을 날렸다고 합니다.

'우화'는 사람 대신 동물이나 식물을 의인화하여 그들의 행동과 말속에 재치 있는 풍자와 재미, 교훈을 담아낸 이야기를 뜻합니다. 이러한 우화를 통해 우리가 살아가는 데 중요한 덕목들을 간접적으로 배우게 됩니다. 특히 『이솝우화』는 우화 문학의 진수라고 불리며 그림책이나 교과서를 통해 전 세계 어린이들의 필독서로 널리 읽히고 있습니다.

<활용 팁>

추천한 책은 358가지로 알려진 이솝우화 중에서 어린이가 읽기 좋은 123가지를 뽑아 엮은 책입니다. 『이솝우화』는 워낙 두루 읽히는 고전이기 때문에 이미 아이들에게 친숙한 이야기가 많습니다. 2~3페이지 정도 되는 짧은 이야기임에도 불구하고 동물에 빗대어 주제를 은유적으로 암시하기 때문에, 아이들과 생각해 보고 이야기할 거리가 많습니다. 이 이야기의 주제가 무엇인지 한두 문장으로 짧게 써 보게 하거나, 이야기 속 상황이 나의 경험과 연결되는 부분은 없는지 함께 이야기 나누고 기록하면 좋습니다.

<따라 쓰고 싶은 문장>

"난 숲속으로 돌아갈 걸세 자네나 맛있는 음식 많이 먹고 사람들한테 귀여움 많이 받게. 난 쇠사슬 목걸이에 매여 임금님 부럽지 않은 생활을 하는 것보다 굶기를 밥 먹듯 하더라도 자유롭게 생활하는 게 더 좋다네!"

이렇게 말한 늑대는 미련 없이 휙 돌아서서 숲 쪽으로 터벅터벅 걸어 갔다. -『이솝우화』

교과와 연계하기 좋은
한국 고전

1. 목민심서

조선 후기 실학, 정약용 인물 연계 # 관리들의 지침서 # 과거의 공무원 이야기
독서 노트: A~C타입, 정약용 동기유발 자료(p.68) 참고

저자	정약용(원작) 이성률(글)	출판사	파란클래식	추천	고학년	쪽수	164쪽

<저자 및 책 소개>

정약용은 조선 후기의 대표적인 실학자이며 정조의 신임을 받아 한강의 배다리, 수원의 화성과 같은 우수한 기술 업적을 남겼을 뿐만 아니라 유배 시에는 강학과 저술에 힘써 500여 권이나 되는 방대한 저술을 남겼습니다. 특히 『목민심서』는 『흠흠심서』, 『경세유표』와 더불어 그의 대표작으로 손꼽히는 책입니다.

『목민심서』는 쉽게 말하면 지방 행정관들의 지침서에 해당하는 것으로 1부당 6조씩 12부 72조로 구성되어 있습니다. 그런데 여기서 '심서心書'는 백성을 잘 다스리고 싶으나 牧民 본인은 정치 현실에서 제외되어 있어 몸소 실현하지 못한다는 뜻을 담고 있습니다. 알고 보면 마음 아픈 뜻입니다.

<활용 팁>

파란클래식의 초등학생용 『목민심서』는 1부에서는 정약용의 업적, 시대 상황을, 2부에서는 목민심서의 12부 72조의 각 항목별 내용이 소개되어 있습니다. 마치 전래동화를 읽고 있다는 생각이 들 정도로 구체적인 경험과 사례가 돋보입니다. 조선 후기 실학사상과 연계하거나 정약용에 대해 더 깊이 알고 싶을 때 같이 읽게 하면 좋은 책입니다. 초등학생용을 읽다 보면 더 자세히 읽고 싶은 욕구가 생깁니다. 『목민심서』 완역본은 총 6권으로 구성된 다산연구회의 『역주 목민심서』가 있고 대중 교양서로는 한 권으로 된 『정선 목민심서』 등이 있습니다.

<따라 쓰고 싶은 문장>

자기 것을 아끼는 일은 누구나 할 수 있다. 그렇지만 나라의 물건과 돈을 절약하는 사람은 드물다. 공적인 물건을 자기 것처럼 아낄 수 있어야 현명한 목민관이다.

흉년에 남의 것을 훔친 사람은 불쌍히 여겨야 한다. 굶주리지 않았을 때는 나쁜 사람이 아니었기 때문이다. 그러므로 이런 사람들에게는 죄를 가볍게 묻는 것이 좋다. -『목민심서』

2. 열하일기

조선 후기 실학 연계 # 박지원의 매력에 푹 빠지게 됨

저자	박지원(원작), 손주현(글)	출판사	책과함께어린이	추천	중·고학년	쪽수	184쪽

<저자 및 책 소개>

박지원은 조선 후기 북학론을 주장한 실학자입니다.『열하일기』는 그의
저서로, 청나라 건륭황제의 70번째 생신을 축하하기 위해 청나라의 수도
연경(베이징)으로 가는 사신단을 따라가면서 보고 듣고 생각한 내용을 기
록한 글입니다. 당시에는 청나라를 배척하는 배청 사상이 주류를 이루었
기 때문에 청나라의 신문물 중 좋은 것을 받아들이자고 주장하는 박지원
의『열하일기』가 나오자 조정에서 큰 논란이 되었습니다. 하지만 너무나
재미있어서 박지원이 절반도 쓰기 전에 서로서로 베껴 쓰고 돌려 읽어 그
시대 베스트셀러가 되었다고 합니다.

<활용 팁>

책을 보면 박지원이 아주 재치있고 유머러스하며 인간다운 사람임을
알 수 있습니다. 역사책에 소개되는 실학사상, 북학파, 이용후생 등을 암기
가 아닌 가슴으로 알게 합니다. 또한 국어 시간에 배우는 묘사에 대한 예
시문으로도 손색없을 정도로 여행지에서 보는 풍경을 생동감 있게 서술
하고 있습니다. 특히 코끼리나 낙타를 처음 보고 묘사한 부분도 매우 흥미
롭습니다. 추천한 책은 아이들이 한눈에 보기 쉽도록 여정을 지도와 함께
실었으며 박지원과 주변 인물들의 익살스럽고 재미있는 삽화가 글의 내

용과 잘 어우러집니다. 아이가 이 책을 재미있게 읽는다면 청소년 대상의 한 권으로 된 보리 출판사의 책이나 삽화와 지도가 풍부하게 실린 북드라망 출판사의 2권으로 된 책을 추천합니다.

<따라 쓰고 싶은 문장>

"베껴가서 무엇 하시려고요?"

"고국에 돌아가 사람들에게 보여 주어 배를 틀어쥐고 넘어지도록 웃게 하려고 그러오.

웃다가 먹던 밥티가 벌 날 듯 튀고 갓끈이 썩은 새끼처럼 끊어지게 될 것이오." -『열하일기』

소 몸뚱이에 나귀 꼬리, 낙타 무릎에 호랑이 발, 짧은 털, 너그러운 표정을 짓고 있으며 슬픈 소리를 낸다. 귀는 구름을 드리운 듯하고 눈은 초승달 같다. 두 어금니는 두 아름 정도 되고 키는 1장(약 3미터) 정도 된다. 코는 어금니보다 길고 자벌레처럼 움츠렸다 폈다 하며 굼벵이처럼 돌돌 말리기도 한다. 코끝은 누에의 끝부분처럼 생겼는데 거기에 물건을 끼워 돌돌 말아 입으로 가져간다. -『열하일기』(코끼리묘사)

3. 격몽요결

조금씩 읽기 # 하루 한 문장 칠판 제시 # 효도, 독서, 습관, 공부 등의 지침서
독서 노트: 명문장 필사+느낌(누적), A타입, D타입 질문 : 공부는 왜 할까?, 『격몽요결』 독서노트 (p132) 참고

저자	이이(원작), 이상각(글)	출판사	파란자전거	추천	고학년	쪽수	157쪽

<저자 및 책 소개>

율곡 이이는 신사임당의 아들로 조선 명종에서 선조 때의 대학자이자 정치가입니다. 이이는 3세 무렵 시를 짓기 시작하여 13세에 처음 장원급 제하였고, 아홉 번이나 과거에 장원급제할 정도로 학문이 뛰어났다고 합니다. 『격몽요결』은 그가 1577년 42세에 쓴 책으로 학문을 시작하는 이들을 위한 교육지침서입니다. 총 10장으로 구성되어 있으며 뜻을 바르게 세우는 일, 부모를 잘 모시는 일, 사람을 대하는 방법, 마음을 닦는 방법 등의 내용을 다루고 있습니다.

<활용 팁>

『격몽요결』은 당시 어린 아이들이 읽는 교재이지만 성인을 대상으로 쓴 게 아닌가 하는 생각이 들 정도로 누구에게나 적용될 수 있는 자기계발서 성격을 띠고 있습니다. 이 책은 1부에는 배경 지식, 2부에는 본문 내용이 나와 있습니다. 1부를 정독하고 나면 2부를 읽기도 전에 피로감을 느낄 수 있으므로 1부는 간략하게 짚어가며 읽고 책의 본론인 2부를 더 주의 깊게 읽도록 합니다.

『격몽요결』의 소제목을 중심으로 '왜 책을 읽어야 할까?' '나쁜 습관이란 무엇인가?' '부모님께 어떻게 효도해야 할까?' 등 생각할 거리가 많습니다. '상제'와 '제례장'은 잘 와닿지 않을 수 있으므로 당시의 생활상을 이해하는 마음으로 가볍게 읽습니다. 성인 대상의 책과 견주어 보아도 손색

없을 만큼 완역본에 가깝고 어린이들이 읽기 쉽게 잘 풀어 설명하는 책입니다. 성인용으로는 을유문화사의 『격몽요결』이 있습니다.

<따라 쓰고 싶은 문장>

대체로 사람은 공부를 시작하기 전에 스스로 뜻을 세웠다고 말하면서도 곧바로 공부를 시작하지 않고 미적거린다. 그 까닭은 말로는 뜻을 세웠다고 하나 실제로 배우고자 하는 정성이 없기 때문이다. -『격몽요결』

4. 이순신의 마음속 기록, 난중일기

\# 전투, 영웅, 역사에 관심 많은 아이 추천 \# 임진왜란 \# 거북선
\# 이순신의 인간적인 면모 \# 꾸준한 기록, 일기 지도 \# 독서 노트: A~C타입

저자	이순신(원작) 이진이(글)	출판사	책과함께어린이	추천	중·고학년	쪽수	168쪽

<저자 및 책 소개>

'이순신 장군' 이름만 들어도 일본 사람들은 벌벌 떨면서 싸우려 하지 않았다고 합니다. 그만큼 이순신 장군은 임진왜란에서 23전 23승이라는 무패의 신화를 만든 조선의 명장입니다. '난중亂中'은 말 그대로 '전쟁 중'이라는 뜻으로, 『난중일기』는 임진왜란 7년(1592~1598년)의 전쟁 상황 속에서 꾸준히 쓴 일기입니다. 그의 일기를 통해 '구국영웅 이순신'이 아닌 '인간 이순신'으로서 그의 성품과 인간적인 면모를 물씬 느낄 수 있습니다. 그는 훌륭한 장군이었을 뿐만 아니라 효자였고, 자식을 걱정하는 아버지였고, 자주 아팠던 매우 인간적인 사람이었습니다. 추천한 책은 난중

일기 사이사이에 어려운 어휘나 시대 상황을 잘 풀어서 쉽게 설명하고 있습니다. 한산도 대첩, 명량대첩 등 당시의 전쟁 상황 또한 잘 이해하며 읽을 수 있습니다.

<활용 팁>

원문을 중심으로 정리한 『난중일기』를 읽다 보면 다음과 같은 질문이 생깁니다. '판옥선과 거북선, 그리고 일본 배의 특징은 무엇일까? 이순신은 어떻게 싸움에서 매번 이길 수 있었을까? 이순신은 원균과 왜 사이가 좋지 않았을까? 이순신과 친분이 두터웠던 유성룡은 어떤 사람이었을까? 『난중일기』에 없는 전쟁 상황은 누가, 어떻게 기록한 걸까?'

추천한 책은 『난중일기』를 읽다 보면 궁금해할 수 있는 여러 질문에 대한 해답을 그림과 함께 친절하게 제시합니다. 이 책 외에도 파란출판사의 『난중일기』는 시대적 배경과 원문 중심으로 서술되어 있습니다. 같은 『난중일기』에 관한 책이라도 여러 출판사의 책을 읽어 보는 것도 좋은 경험이 됩니다.

<따라 쓰고 싶은 문장>

병법에 이르기를 반드시 죽고자 하면 살고, 살려고 하면 죽는다고 하였고, 한 사람이 길목을 지키면 천 명도 두렵게 할 수 있다고 했는데, 이는 오늘의 우리를 두고 하는 말이다. 너희 여러 장수가 조금이라도 명령을 어긴다면 군율대로 다스리어 작은 일이라도 용서하지 않을 것이다.

　-『이순신의 마음속 기록, 난중일기』

훌륭한 작품을 한 권으로 읽는
인물 단편집

1. 셰익스피어 이야기

세계 최고의 극작가 작품 # 4대 비극, 5대 희극 맛보기
완역본은 청소년기에 꼭! 추천 # 독서 노트: 단편별 A~C타입, E타입: 비극 vs. 희극

저자	윌리엄 셰익스피어(원작) 메리 램, 찰스 램(글)	출판사	비룡소	추천	중·고학년	쪽수	527쪽

<저자 및 책 소개>

'셰익스피어는 인도와도 바꾸지 않겠다.'라는 영국의 사학자인 토머스 칼라일의 말처럼 셰익스피어는 영국이 낳은 최고의 극작가입니다. 수많은 대표작이 있지만 그중에 꼽자면 5대 희극『말괄량이 길들이기』,『베니스의 상인』,『뜻대로 하세요』,『한여름 밤의 꿈』,『십이야』, 4대 비극인『햄릿』,『오셀로』,『리어왕』,『맥베스』등이 있습니다. 특히 4대 비극은 인간의 욕망, 사랑, 질투, 절망, 죽음 등을 다루며 셰익스피어 극의 절정이라고 불립니다.

<활용 팁>

셰익스피어는 원고지 한 장에 같은 낱말을 중복해서 쓰지 않았다고 합니다. 그만큼 그의 작품에는 방대한 어휘가 녹아 있습니다. 또한 작품 속 인물 간의 대사 속에 인간사에 대한 통찰이 고스란히 담겨 있습니다. 다만 완역본은 다소 직설적인 비판과 묘사가 들어가 있어 초등학생에게 추천하기에 고민이 됩니다.

소개한 책은 셰익스피어의 희곡을 19세기 영국의 수필가인 찰스 램과 그의 누이가 어린이를 위해 소설로 다시 쓴 책입니다. 4대 비극과 5대 비극을 포함하여 총 20편의 이야기를 담고 있습니다. 세계 최고의 극작가인 셰익스피어가 쓴 이야기를 이 책을 통해 맛보기로 접해 보면 좋겠습니다. '셰익스피어를 읽는 것은 우리 뇌에 극적인 효과를 미친다Reading Shakespears has dramatic effect on human brain.'라는 연구 결과도 있다고 하니 방대한 어휘와 은유적 표현이 돋보이는 그의 유명한 작품을 청소년기에 완역본으로 꼭 읽어 보기를 권합니다.

<따라 쓰고 싶은 문장>

샤일록은 다시 긴 칼을 갈면서 열의에 찬 눈으로 안토니오를 바라보았다. "자, 준비해라!" 그때 포시아가 말했다. "잠깐 기다리시오, 유대인. 한 가지가 더 있습니다. 이 차용 증서에 당신에게 피를 준다는 말은 없습니다. 분명히 '살 한 근'이라고만 적혀 있습니다. 따라서 살 한 근을 베어내는 과정에서 이 기독교인의 피를 한 방울이라도 흘리면 당신 땅과 재산은 법에 따라 베니스 국가가 몰수할 겁니다."

-「베니스의 상인」, 『셰익스피어 이야기』

2. 톨스토이 단편선

12개의 단편 # 사랑, 나눔, 배려, 선행 # 좋아하면 톨스토이의 장편소설 소개
독서 노트: A~C타입, D타입 질문: 작품 속 질문에 나만의 해답 찾기, 톨스토이 단
  독서노트(p143) 참고

저자	톨스토이	출판사	인디북	추천	중·고학년	쪽수	367쪽

<저자 및 책 소개>

톨스토이는 도스토옙스키와 함께 19세기 러시아를 대표하는 소설가이자
사상가입니다. 그의 유명 작품으로는 『전쟁과 평화』, 『안나 카레니나』, 『부
활』 등이 있습니다. 이 책은 톨스토이의 단편을 엮은 책으로 『사람은 무엇
으로 사는가』, 『두 노인』, 『바보 이반』 등 총 12가지의 이야기를 담고 있
습니다. 모두 흥미진진하고 교훈적이며 주제가 뚜렷한 특징이 있습니다.

<활용 팁>

이 책은 삶을 재조명하는 질문거리가 많습니다. 대부분 톨스토이가 이
야기 끝에 질문에 대한 답을 제시합니다. 삶을 통해 던진 그의 질문들이
워낙 훌륭해서 책을 읽기 전에 톨스토이의 생각과 다른 나만의 답을 찾아
보는 것도 좋습니다. 예를 들어 『사람은 무엇으로 사는가』에서 신이 천사
에게 내려준 세 가지 질문(1. 사람에게 무엇이 있는가? 2. 사람에게 무엇이 주
어지지 않았는가? 3. 사람은 무엇으로 사는가?)에 나만의 답을 독서 노트에 기
록해 보는 시간을 가져 봅니다. 그리고 교훈적인 내용이니만큼 도덕 교과
와 연계하여 「버려둔 불꽃이 집을 태운다」를 읽고 '사과를 제때 하지 못해
오해가 커진 경험이 있는가? 혼자만 나쁘다면 다툼이 존재할까? '다툼'은

왜 생기는 것일까?'에 대해 이야기를 나누어 볼 수 있습니다. 「사랑이 있는 곳에 신이 있다」를 읽고 '진정한 선행은 무엇인지?' '다른 사람에게 잘 보이기 위해, 이익을 얻기 위해 하는 선행에 대해서 어떻게 생각하는가?' 와 같은 이야기를 나누는 데 활용할 수 있습니다.

<따라 쓰고 싶은 문장>

비록 그들이 자신을 위한 걱정으로 사는 것처럼 보이지만, 실은 그들이 사랑에 의해서만 산다는 것을 이제 이해했습니다. 사랑이 있는 사람은 신 안에 있고, 신은 그 사람 안에 있습니다. 신은 사랑이기 때문입니다.

　－「사람은 무엇으로 사는가」, 『톨스토이 단편선』

3. 소나기: 황순원 단편집

\# 4개의 단편 \# 한국인이라면 꼭 읽어 봐야 할 소설 \# 소년 소녀의 순수한 사랑
\# 단편별 독서 노트: A~C타입

저자	황순원	출판사	다림	추천	중·고학년	쪽수	175쪽

<저자 및 책 소개>

황순원은 1931년 「나의 꿈」이라는 시로 등단하였습니다. 대표 작품으로는 단편소설인 『독 짓는 늙은이』, 『목넘이 마을의 개』, 『소나기』 그리고 장편소설로는 『카인의 후예』, 『인간접목』 등이 있습니다.

이 책에는 「소나기」, 「닭제」, 「산골아이」, 「별」, 「송아지」 등 다섯 작품이 실려 있습니다. 다섯 작품 모두 황순원의 초기 작품으로 아이나 소년이 주인공이고, 배경은 시골입니다. 그리고 소설 내용이 동화적이고 시적이라

는 특징이 있습니다.

<활용 팁>

이 책의 표지에서도 알 수 있듯이 책에 소개된 첫 작품은 그 유명한 「소나기」입니다. 누구나 한 번쯤은 들어보았을 시골 소년과 도시 소녀가 겪은 순수한 사랑 이야기는 아이들의 감성을 따뜻하게 적실 수 있습니다. 다른 단편인 네 가지 이야기도 모두 비슷한 나이 또래의 아이들이 겪은 내용이라 친숙함을 느낄 수 있으며 당시 시대 상황에 대한 이해를 높일 수 있습니다. 그리고 일반 창작 동화에 비해 새로운 어휘를 많이 익힐 수 있습니다. 황순원 작가를 조사해 보고 다른 작품은 무엇이 있는지 찾아보는 시간을 통해 황순원 작가에 관한 관심을 끌어낼 수 있습니다.

<영화>

– 소나기(2017, 전체관람가, 48분, 애니메이션)

– 소나기(1978, 전체관람가, 100분, 유튜브 시청 가능)

<따라 쓰고 싶은 문장>

소녀의 흰 얼굴이, 분홍 스웨터가, 남색 스커트가 안고 있는 꽃과 함께 범벅이 된다. 모두가 하나의 큰 꽃묶음 같다. 어지럽다. 그러나 내리지 않으리라. 자랑스러웠다. 이것만은 소녀가 흉내 내지 못할 자기 혼자만이 할 수 있는 일인 것이다. - 『소나기』

4. 자전거 도둑: 박완서 동화

4개의 단편 # 글짓기에 소질 있는 아이에게 추천 # 참신한 비유와 묘사 가득
단편별 독서 노트: A∼C타입, D타입 질문: 진정한 행복이란?

저자	박완서	출판사	다림	추천	고학년	쪽수	184쪽

<저자 및 책 소개>

박완서는 1970년 『나목』으로 등단하였습니다. 대표 작품으로는 『부끄러움을 가르칩니다』, 『엄마의 말뚝』이 있으며 장편소설로는 『그 많던 싱아는 누가 다 먹었을까』, 수필집으로 『꼴찌에게 보내는 갈채』 등이 있습니다. 박완서는 1980년대 중후반 이후 여성 문학의 대표적인 작가로 손꼽힙니다.

이 책에 엮인 동화는 1979년 샘터사에서 나온 어른을 위한 동화집 『달걀은 달걀로 갚으렴』에서 뽑아낸 것입니다. 「자전거 도둑」, 「달걀은 달걀로 갚으렴」, 「시인의 꿈」, 「옥상의 민들레꽃」, 「할머니는 우리 편」, 「마지막 임금님」으로 총 여섯 개 동화를 소개합니다.

<활용 팁>

박완서 동화집을 읽다 보면 참신한 비유적 표현이 돋보입니다. 흙바람이 부는 것을 '저만큼서 흙먼지가 땅을 한꺼풀 벗겨 홑이불처럼 둘둘 말아오는 것 같이'로 표현했습니다. 읽기에 그리 어렵지 않으면서도 자주 접하지 못하는 아름다운 표현이 많아서 아이들의 글짓기 능력 향상에 도움이 되리라 생각합니다.

소개된 6가지 동화 모두 삶이 각박하고 도시 문명화되면서 우리가 지금 무엇을 잊고 사는지, 진정으로 우리를 행복하게 하는 것은 무엇인지 등에 대해 생각할 거리가 많습니다. 이외에도 이효석. 이청준, 김유정 등 유명한 작가들의 단편집을 보고 싶다면 다림출판사의 한빛문고를 참고하세요.

<따라 쓰고 싶은 문장>

아무리 짐승이지만 살아 있는 목숨을 죽이고 싶은 것은 독한 마음이고, 독한 마음은 오래 품고 있을수록 품은 사람의 심정만 해칠 뿐이란다.
　　-「달걀은 달걀로 갚으렴」,『박완서 동화집』

완역본으로 추천하는
세계명작

분량이 적다고 쉬운 책도 아니고 분량이 많다고 어려운 책은 아닙니다. 글밥이 적은 책은 심적 부담감이 적기 때문에 쉽게 시작할 수 있습니다. 글밥이 많은 책은 글 호흡은 길지만 읽고 난 후 얻는 성취감은 아주 큽니다. 아이의 흥미나 수준에 맞추어서 도전해 보세요!

전체 페이지 수 100쪽대

1. 어린 왕자

\# 유명 글귀 다수(다양한 해석 가능) # 필사 추천 # 작가가 직접 그린 삽화와 함께
\# 독서 노트: A~C타입, E타입: 번역 비교(p147) 참고

저자	생텍쥐페리(글) 황현산(옮긴이)	출판사	열린책들	추천	중·고학년	쪽수	127쪽

<저자 및 책 소개>

생텍쥐페리는 1900년 프랑스에서 태어났으며 공군 장교를 지낸 비행사이며, 또한 『야간비행』, 『인간의 대지』 같은 훌륭한 작품을 많이 남긴 작가이기도 합니다. 『어린 왕자』는 그가 미국 생활을 하던 시절에 쓴 작품으로, 1943년 처음 출간된 이후로 지금까지 2억 부가 판매되었으며 세계 275개 언어로 번역되었습니다. 책의 삽화도 작가가 직접 그려 더욱 인상 깊습니다. 기자이자 친구였던 실비아 해밀턴에게 건네주었던 초고와 그림에는 커피 자국과 담뱃불에 종이가 탄 흔적이 있었다고 합니다. 그의 집필 활동이 어땠는지 짐작할 수 있습니다.

<활용 팁>

『어린 왕자』는 읽을 때마다 다른 느낌과 감동을 주는 동화입니다. 분량도 짧은 편이어서 아이들과 편안하게 읽을 수 있습니다. 어린 왕자는 지구에 도착하기에 앞서 여섯 군데의 별을 돌아봅니다. 어린 왕자는 별을 떠나면서 "어른들은 정말 정말 이상해"라는 말을 종종 합니다. 어른이 되어 읽으니 이 부분이 확실히 더 와닿습니다. 아이들의 시각에서 별마다 어른들의 모습이 어떤지 이야기해 보는 것도 좋겠습니다. 그리고 '길들인다'라는 것은 어떤 의미인지, 나에게 있어서 장미와 같은 존재는 누구인지도 생각해 보는 시간을 가져 봅니다. 앞서 안내한 바와 같이 『어린 왕자』의 번역을 비교 분석해 보는 활동도 좋겠습니다.

<영화>

- 어린 왕자(2015, 106분, 전체관람가)

<따라 쓰고 싶은 문장>

"사막이 아름다운 것은", 어린 왕자가 말했다.

"어딘가 우물을 숨기고 있기 때문이야….'-『어린 왕자』

2. 갈매기의 꿈

꿈을 향한 열정 # 노력 # 한계에 부딪히는 용기 # 의식 확장 # 무한한 나의 능력
독서 노트: A~D타입, D타입 질문: 내 한계는 진짜 나의 한계인가?, 나의 꿈과 가
능성 찾기

저자	리처드 바크	출판사	나무옆의자	추천	고학년	쪽수	158쪽

<저자 및 책 소개>

리처드 바크는 세계적인 소설가이자 3000시간의 비행기록을 가진 비
행기 조종사입니다. 이 책은 1970년에 발표된 이래 전 세계 40여 개의 언
어로 번역되어 4,000만 부 이상이 팔릴 정도로 많은 독자에게 사랑받았
습니다. 이 책은 기존의 3장에서 4장을 추가한 『갈매기의 꿈』의 완결판입
니다. 당시 리처드 바크가 쓰다가 중단했던 4장의 원고를 45년 만에 다시
추가했습니다. 마지막 장은 조나단이 갈매기 부족을 떠난 이후의 이야기
를 다루고 있습니다. 하늘을 자유롭게 비행하는 조나단 리빙스턴의 삶은
읽는 이에게 많은 시사점을 줍니다.

<활용 팁>

이 책은 무한대의 가능성을 가진 아이들이 읽으면 너무나 좋은 책입니
다. 읽을 때마다 가슴을 울리는 주옥같은 글귀들이 쏟아져 나옵니다. 아이

들과 인상 깊은 구절을 고르고 이야기를 나누어 보면 좋겠습니다. 그리고 아이들의 의식 확장에 도움이 될 만한 질문을 아래와 같이 던지며 이야기를 나누어 봅니다. 지금의 나는 조나단 리빙스턴과 같은 사람인가, 아니면 일반 갈매기 무리와 같이 생각하는 사람인가? 나는 먹고살기 위한 직업을 얻기 위해 공부를 하는가, 내가 원하는 바를 추구하고자 공부하는가? 내가 진정으로 원하는 삶은 무엇인가? 내가 살아가는 이유는 무엇일까? 책에 언급된 한계가 없는 '위대한 갈매기'는 어떤 갈매기를 말하는 것일까? 내가 생각하는 나의 한계는 무엇인가? 그 한계는 진짜 나의 한계인가?

<따라 쓰고 싶은 문장>

"어떻게 저희가 당신처럼 날 것이라고 기대하십니까? 당신은 특별하고 재능이 있고 성스러운데요. 다른 새들보다 위에 계시지 않습니까."

"플레처를 보라! 로웰을! 찰스 롤런드를! 주디 리를! 그들 역시 특별하고 재능이 있고 성스러운가? 그대들보다 나을 게 없으며, 나보다 나을 게 없다. 유일하게 다른 점은, 딱 하나의 차이는 그들이 본디 자기가 누구인지 이해하기 시작했고 그것을 수행하기 시작했다는 것뿐이다."

　-『갈매기의 꿈』

3. 크리스마스 캐럴

크리스마스 시즌 겨울에 추천 # 스크루지 영감 # 베풂과 나눔의 행복
독서 노트: A〜C, E타입

저자	찰스 디킨스	출판사	시공주니어	추천	중·고학년	쪽수	199쪽

<저자 및 책 소개>

찰스 디킨스는 19세기 영국 최고의 작가로 셰익스피어에 버금가는 인기를 누렸습니다. 그는 불우하고 어려운 시절을 보냈지만 그런 경험을 작품에 녹여 독자들의 마음을 사로잡았습니다. 『크리스마스 캐럴』은 그의 대표작 중 하나로 6주 만에 완성한 작품입니다. 1843년 이 작품이 출간되자마자 첫판이 매진될 정도로 인기를 끌었으며 권선징악 구조의 훈훈하고 따뜻한 결말로 150년이 지난 지금까지도 크리스마스 시즌이면 어김없이 영화, 연극, 어린이 프로그램 등으로 만들어져 감동을 주고 있습니다.

<활용 팁>

아이들은 '크리스마스 캐럴'보다는 지독한 구두쇠 '스크루지 영감'을 더 친숙하게 여길지도 모르겠습니다. 12월에 들어서면서 아이들과 함께 읽으면 좋은 책입니다. 완역본도 길지 않고 글의 서사도 뚜렷하여 재미있게 읽을 수 있습니다.

'날카롭게 굽은 매부리코~'로 시작하는 스크루지 영감의 모습이나 과거, 현재, 미래의 유령 그리고 그의 동업자인 말리까지 그림을 그리듯 묘사하여 아이들의 상상력을 자극합니다. 묘사만 따로 뽑아서 그림을 그려 보고 친구들과 비교해 보는 활동도 좋습니다. 인자하고 자비로운 사람이 된 스크루지처럼 어떻게 하면 우리도 주변 사람들에게 사랑과 감사의 말을 전하고 도움을 줄 수 있을지 서로 생각해 보며 마무리는 영화와 함께 합니다.

<영화>

- 크리스마스 캐럴(2009, 96분, 애니메이션, 전체관람가)
- 찰스 디킨스의 비밀 서재(2017. 104분, 전체관람가)

<따라 쓰고 싶은 문장>

생김새는 딱딱하기 그지없었다. 날카롭게 굽은 매부리코, 쭈글쭈글 우
그러든 뺨. 뻣뻣한 걸음걸이, 벌겋게 충혈된 눈과 푸르뎅뎅하고 얄팍한 입
술, 거기에 심술궂게 앙알거리는 귀에 거슬리는 목소리. 머리에, 눈썹에,
그리고 철사처럼 뻣뻣한 턱수염에는 서리가 희끗희끗 내려앉아 있었다.

아이들 머리를 쓰다듬어 주기도 하고, 거지들에게 말을 건네기도 하고,
여염집 부엌을 들여다보거나 창문을 올려다보기도 했다. 스크루지는 이
세상 모든 것들이 자신에게 즐거움을 가져다줄 수 있다는 것을 새삼 깨달
았다. -『크리스마스 캐럴』

전체 페이지 수 200쪽대

1. 피터팬

\# 상상력 풍부하고 공상 좋아하는 아이, 대결, 전투, 영웅 좋아하는 아이에게 추천
\# 독서 노트: A~E타입, D타입 질문: 어른이 된다는 것은?, 만약 영원히 아이라면?

저자	제임스 매튜 배리	출판사	시공주니어	추천	중·고학년	쪽수	279쪽

<저자 및 책 소개>

『피터팬』의 작가인 제임스 매튜 배리는 영국의 소설가이자 극작가로 1860년 스코틀랜드에서 출생하였습니다. 배리는 1897년 런던에서 데이비스 가족과 인연을 맺는데, 그들과 함께한 소중한 추억은 이 책을 쓰는 데 큰 영향을 끼쳤습니다. 실제로 피터와 마이클의 이름 또한 데이비스의 아이들 이름을 그대로 쓴 것이라고 합니다. 『피터팬』은 1904년 크리스마스 아동극으로 처음 발표되었고 반응이 좋아 희곡을 소설로 바꾸었습니다. 이 작품은 1911년에 '피터 앤드 웬디Peter and Wendy'라는 제목으로 선보였습니다.

<활용 팁>

『피터팬』은 대부분의 아이들이 세계명작 그림책으로 이미 접해 보았기 때문에 친숙하게 느낍니다. 이미 알고 있는 내용과 완역본을 비교해 보는 활동만으로도 유익합니다. 개인적으로도 시간이 흘러 어른이 된 웬디와 여전히 천진난만한 피터팬이 다시 만나는 장면은 많은 여운을 남깁니다. '어른이 된다는 건 뭘까? 피터팬처럼 나도 크지 않는다면? 네버랜드가 실제로 있다면 어떤 곳일까?' 같은 질문을 생각해 보고 독서 노트를 작성해 보게 합니다.

<영화>

- 피터팬(1953, 77분, 애니메이션, 전체관람가)
- 피터팬(2003. 105분, 전체관람가)

<따라 쓰고 싶은 문장>

이런 말을 해야 한다는 것은 참 슬픈 일이지만, 아이들은 날 수 있는 능력을 차츰 잃어갔다. (…) 이윽고 바람에 날리는 모자를 쫓아 날아갈 수조차 없게 되었다. 아이들은 연습 부족일 뿐이라고 생각했다. 그러나 진짜 이유는 아이들이 믿음을 잃어버렸기 때문이다. -『피터팬』

2. 꿀벌 마야의 모험

곤충, 모험 좋아하는 아이 추천 # 곤충들의 성격과 생김새를 경쾌하게 묘사
새로운 세계에 대한 동경 # 생명체 사랑하기
독서 노트: A~E타입, D타입 질문: 내가 곤충이 되어 하루 일과 써 보기, 곤충에게 사람이란?

저자	발데마르 본젤스	출판사	시공주니어	추천	중·고학년	쪽수	225쪽

<저자 및 책 소개>

이 책의 작가인 발데마르 본젤스는 1880년 독일에서 태어났습니다. 그는 꿀벌 마야처럼 자유분방하고 새로운 세계에 대한 호기심이 많았다고 합니다. 1912년 세상에 나온 『꿀벌 마야의 모험』은 독일을 대표하는 고전으로 모험심 강한 어린 꿀벌 마야가 평범한 일상을 탈출하여 새로운 바깥 세상을 여행하는 이야기입니다. 마야가 만나는 수많은 곤충의 생동감 있는 묘사와 위기를 지혜롭게 넘기는 흥미진진한 이야기는 지금도 전 세계 어린이들에게 많은 사랑을 받고 있습니다.

<활용 팁>

책을 읽다 보면 각각의 곤충에 딱 맞아떨어지는 성격, 대화 내용, 에피

소드가 아주 절묘합니다. 특히 짧은 바지를 입어 두 다리가 훤히 드러나는 작은 인간들(소년)이 위험하다는 잠자리 슈누크의 이야기처럼 곤충들이 바라보는 인간의 모습 또한 아주 현실적입니다.

과학 교과와 연계하여 내가 곤충이라 생각하고 곤충의 하루를 상상하며 글쓰기를 해도 좋겠습니다. 글을 쓰려면 내가 정한 곤충의 먹이는 무엇인지, 천적은 누구인지, 어느 장소에서 잠을 자는지 등에 대한 조사가 자연스럽게 이루어지므로 재미있는 글쓰기가 됩니다. 그리고 '나는 꿀벌 마야처럼 틀에 박힌 일상을 떠날 수 있는 용기가 있는지', 혹은 '일상을 떠나 자유롭게 여행하고 싶다면 어디로 가고 싶은지' 등 마야에 초점을 맞춰 생각한 내용을 독서 노트에 기록해 봅니다.

<영화>

- 마야(2014, 87분, 애니메이션, 전체관람가)

<따라 쓰고 싶은 문장>

아, 이 넓디넓은 바깥세상은 어두운 꿀벌 도시보다 천 배는 좋은 것 같아. 절대로 돌아가지 않겠어. 평생 꿀이나 모으고, 밀랍으로 집이나 지으며 살고 싶지는 않아. 아니, 그런 일은 절대로 하지 않을 거야. 난 꽃이 만발한 세상을 구경하며 곳곳을 놀러 다니고 싶어. 나는 다른 꿀벌들과 달라. 기쁨과 놀라움, 경험과 모험을 위해 태어났다고. 위험 따위는 두렵지 않아. 나한텐 힘과 용기와 침이 있잖아? (…) 멋지다. 산다는 건 정말 멋져. -『꿀벌 마야의 모험』

3. 키다리 아저씨

소녀 이야기 좋아하는 아이에게 추천
긍정적이고 굳센 여자 주인공 # 러브스토리 # 편지 쓰기의 다양한 양식
독서 노트: A~C타입, D타입 질문: 주인공에게 편지 써 보기

저자	진 웹스터	출판사	시공주니어	추천	중·고학년	쪽수	222쪽

<저자 및 책 소개>

진 웹스터는 1876년에 태어났으며『톰 소여의 모험』으로 유명한 마크 트웨인의 조카입니다. 그녀는 신식 교육으로 유명한 배서대학에서 정치와 사회에 관심을 가졌습니다. 대학에 다니는 동안 비행소년 수용소나 고아원 등을 둘러보며『키다리 아저씨』에 대한 영감을 받았습니다. 이 책은 편지 형식으로, 여주인공 주디와 키다리 아저씨 저비스의 사랑 이야기입니다. 책 중간중간에 삽입된 작가의 아기자기한 그림은 책에 대한 흥미를 더욱 높여 줍니다.

<활용 팁>

이 책은 편지를 엮은 것이기에 여주인공 주디의 창의적이고 다양한 편지 쓰기 형식을 배울 수 있습니다. 또한 주디가 읽는『제인에어』,『로빈슨 크루소』,『햄릿』등과 같은 고전 책들을 간접적으로 소개하고 있어서 연계 독서를 유도할 수도 있습니다. 일종의 연애편지이기에 여학생들이 아주 좋아할 만한 책입니다. 그리고 주디의 긍정적이고 진취적인 사고방식은 초등학생들에게 좋은 영향을 주리라 생각합니다.

<따라 쓰고 싶은 문장>

삶을 살아가는 데 가장 중요한 것은 작은 것에서 큰 기쁨을 끌어내는 것이 아닐까요? 저는 행복의 비결을 알아냈어요. 그것은 현재를 보람 있게 사는 것이에요. 과거를 후회하거나 미래를 걱정하며 시간을 낭비하지 말고 지금 이 순간을 최대한 즐겁게 사는 거예요. -『키다리 아저씨』

4. 내 이름은 삐삐 롱스타킹

말괄량이 소녀에 힘센 사고뭉치 # 조용하고 소극적인 아이에게 대리만족
독서 노트: A~C, E타입

저자	아스트리드 린드그렌	출판사	시공주니어	추천	중학년	쪽수	201쪽

<저자 및 책 소개>

아스트리드 린드그렌은 1907년 스웨덴에서 태어났습니다. 100편이 넘는 작품 중 『내 이름은 삐삐 롱스타킹』은 작가가 어린 딸에게 즐겨 들려주던 이야기를 책으로 쓴 작품입니다. '삐삐 롱스타킹'이라는 이름은 키다리 아저씨의 'long leg'에서 힌트를 얻어 그녀의 딸이 지은 이름이라고 합니다. 1945년 『내 이름은 삐삐 롱스타킹』은 출간되자마자 아이들의 사랑을 듬뿍 받았습니다. 『꼬마 백만장자 삐삐』, 『삐삐는 어른이 되기 싫어』 등 삐삐를 주인공으로 한 다른 작품도 있습니다.

<활용 팁>

어른의 관점에서 봤을 때 삐삐는 해서는 안 되는 행동을 참 많이 합니다. 바로 그 점이 삐삐의 매력입니다. 해보고는 싶은데 어른들에게 혼날

까 봐 하지 못하는 아이들의 억눌린 마음이 삐삐의 행동을 통해 뻥 뚫립니다. 키프린트의 '가장 인상 깊은 장면은?'이나 '만약 나라면 어땠을까?'라는 질문을 활용해 '내가 만약 삐삐처럼 힘이 세다면 무엇을 하고 싶은가?', '삐삐의 집처럼 베란다에 말이 있고 원숭이를 키운다면 어떨까?'와 같은 세부 질문을 해보며 독서 노트를 작성해 봅니다.

<영화>

- 말괄량이 삐삐(1988, 101분, 전체관람가)

<따라 쓰고 싶은 문장>

삐삐의 모습은 이랬다. 홍당무처럼 빨간 머리카락은 두 갈래로 야무지게 땋아져 옆으로 쫙 뻗어 있었다. 감자같이 생긴 조그만 코는 주근깨투성이였다. 그 코 밑에는 커다란 입이 있었는데, 튼튼하고 새하얀 이가 엿보였다. 거기에다 삐삐의 옷은 정말 특이했다. 삐삐가 직접 만든 옷이었다.

삐삐는 양철통을 머리에 뒤집어쓰고 작은 금속 탑처럼 돌아다녔다. 그러다가 울타리의 철사에 걸려 앞으로 고꾸라지고 말았다. 양철통이 땅바닥에 부딪히며 요란한 소리를 냈다. 삐삐는 양철통을 벗으며 의기양양하게 말했다.

"자, 봤지! 내가 양철통을 안 쓰고 있었으면 땅바닥에 얼굴을 부딪쳐 크게 다쳤을 거야." 아니카가 대꾸했다. "그래, 하지만 양철통을 머리에 안 썼으면 철조망 울타리 같은 데에 걸려 넘어지진 않았을 텐데……."

-『내 이름은 삐삐 롱스타킹』

전체 페이지 수 300쪽대

1. 톰 소여의 모험

모험, 여행 좋아하는 아이에게 추천 # 좋아한다면 『허클베리 핀의 모험』과 연계
실존 인물 바탕 # 장난꾸러기지만 용감한 톰 # 독서 노트: A~C, E타입

저자	마크 트웨인	출판사	시공주니어	추천	중·고학년	쪽수	374쪽

<저자 및 책 소개>

마크 트웨인은 미국 근대 문학의 아버지라고 불립니다. 본명은 새무얼 랭혼 클레멘스^{Samuel Langhome Clemens}입니다. 『톰 소여의 모험』은 1876년에 출간된 그의 대표작 중 하나입니다. 책의 머리말에서 밝힌 바와 같이 책 속의 인물들과 흥미진진한 모험담은 실제 이야기를 바탕으로 하고 있습니다. 특히 잘 씻지 않고 공부하기 싫어하는 장난꾸러기 톰은 이 책의 작가인 마크 트웨인을 가장 많이 닮은 인물입니다. 이 책의 배경이 된 미국 미시시피 강변의 한니발은 마크 트웨인의 고향으로 관광객들이 자주 찾는 명소가 되었습니다.

<활용 팁>

'스마트폰과 이렇다 할 장난감이 없던 시절, 아이들은 무엇을 하고 놀았을까?'라는 질문에 가장 적당한 대답을 해줄 수 있는 책이 바로 『톰 소여의 모험』입니다. 톰 소여와 친구들은 올챙이 두 마리, 놋쇠 손잡이, 칼자루, 오렌지 껍질 등을 모으기도 하고, 역할극을 하거나 공동묘지에 다녀오는 등 갖가지 재미난 일로 하루 종일 신나게 놀기 바쁩니다. 그리고 톰 소여의 수많은 공상은 아이들만의 생각 세계를 여실히 표현하고 있어 공감을 자아냅니다. 장난꾸러기지만 양심적이며 용감한 톰 소여! 특히 자연 속을 자유롭게 누비고 다니는 그의 이야기는 학교, 집, 학원을 오가는 요즘 아이들의 답답한 마음을 해소해 줄 수 있는 계기가 됩니다. 이 책을 읽고 그의 또 다른 대표작인 『허클베리 핀의 모험』으로 연계 독서를 하거나 마크 트웨인의 유명한 명언들을 조사해 볼 수도 있습니다.

<영화>

- 톰 소여(1937, 90분, 전체관람가, 유튜브 시청 가능)

<따라 쓰고 싶은 문장>

"누가 이 연장들을 여기다 갖다 두었을까? 혹시 이층에 누가 있는 게 아닐까?"

두 아이는 심장이 멎는 것 같았다. 인디언 조는 칼을 손에 쥐고 잠시 망설였다. 그러더니 계단 쪽으로 돌아섰다. 그 순간 아이들은 옷장이 떠올랐지만 손 끝 하나 움직일 수 없었다. 위로 올라오는지 계단에서 삐걱 소리가 났다. -『톰 소여의 모험』

2. 마틸다

악당, 초능력, 통쾌한 싸움 좋아하는 아이 추천 # 로알드 달의 다른 작품 연계
아이들이 좋아할 요소 두루 갖춤 # 다양한 고전 책 소개 # 독서 노트: A~C, E타입

저자	로알드 달	출판사	시공주니어	추천	중·고학년	쪽수	320쪽

<저자 및 책 소개>

로얄드 달은 1916년 영국 웨일스에서 태어났으며 제2차 세계대전 때 전투기 조종사로 참전했다가 이집트에서 부상을 당한 후 글을 쓰기 시작하였습니다. 그의 대표작으로는 『마틸다』 외에도 『찰리와 초콜릿 공장』, 『제임스와 슈퍼 복숭아』 등이 있습니다. 마틸다는 로얄드 달이 세상을 뜨기 전에 마지막으로 쓴 장편소설로 천재 소녀 마틸다가 나쁜 교장 트런치불 교장과 대결해 통쾌하게 승리하는 내용입니다.

영화와 뮤지컬 등으로도 제작되어 인기를 끌었고 2012 미국 《스쿨라이브러리 저널》 주관 '시대를 초월하여 사랑받는 아동문학 100선' 중 30위에 이름을 올렸으며 'BBC 선정 영국이 가장 사랑한 소설'로도 유명합니다.

<활용 팁>

실제로 로얄드 달은 1980년대 영국 가정에 만연했던 TV 식사를 경계하며, 사람들이 책보다 TV를 더 좋아하게 될까 봐 걱정했다고 합니다. 그래서 책 읽기를 권장하는 책을 쓰고자 하였습니다. 이 책에는 『제인 에어』, 『오만과 편견』, 『노인과 바다』, 『올리버 트위스트』 등 다양한 명작들을 소개하고 있습니다.

또한 책 내용 사이에 독서의 좋은 점에 대해 언급하고 있습니다. 책도 재미있게 읽고, 로얄드 달이라는 주인공을 조사해 보기도 하고 마틸다가 즐겨 읽었던 책에도 관심을 갖는 계기가 됩니다.

<영화>
- 마틸다(1996, 98분, 전체관람가)

218

<따라 쓰고 싶은 문장>

"어린이 책을 다 읽었으니, 앞으로 어떻게 할 생각이니?"

"저는 다른 책을 읽고 있어요. 도서관에서 빌려서요. 펠프스 아줌마는 무척 친절하세요. 책 고르는 걸 도와주세요." 하니 선생님은 교탁 앞쪽으로 몸을 쭉 빼고 신기한 표정으로 마틸다를 바라보았다. 다른 아이들은 완전히 잊어버린 듯했다. "다른 어떤 책 말이니?"

"저는 찰스 디킨스를 좋아해요. 그 작가가 쓴 책을 보면 웃음이 나요. 특히 『피크위크 페이퍼스』라는 책이 그래요." -『마틸다』

3. 메리 포핀스

상상력을 무한대로 자극하는 작품 # 독서 노트: A~C, E타입

저자	파멜라 린든 트래버스	출판사	시공주니어	추천	중·고학년	쪽수	234쪽

<저자 및 책 소개>

영국에서 유모를 구할 때 '메리 포핀스를 찾습니다'라고 신문 광고를 낼 정도로『메리 포핀스』는 영국 사람들의 사랑을 듬뿍 받은 작품입니다. 작가인 트래버스는 허영심 많고 시큰둥한 성격이지만 매력이 넘치는『메리 포핀스』의 모델을 어린 시절 이야기꾼이었던 하녀에게서 찾았다고 합니다. 이 작품은 1934년 발간되었고 전 세계 25개국 언어로 번역되었으며 특히 1964년 뮤지컬 영화로 제작되면서 사람들에게 더욱 사랑받고 있습니다.

<활용 팁>

우산을 타고 날아다니며 계단 난간을 미끄러져 올라가고(내려가는 게 아님), 둥둥 떠서 식사를 하고, 그림 속을 자유자재로 들어갔다 나오는 등 상상과 현실을 넘나드는 이야기는 아이들의 상상력을 자극합니다. '이 작품에서 가장 기억에 남는 장면은?'이라는 질문 하나만으로도 무궁무진하게 독서 노트를 쓸 수 있습니다.

<영화>

– 메리포핀스(1975, 140분, 전체관람가)
– 메리포핀스 리턴즈(2019. 130분, 전체관람가)

<따라 쓰고 싶은 문장>

커다란 가방을 두 손으로 잡고 계단 난간을 타고 스스륵 올라와, 뱅크스 부인과 동시에 계단 꼭대기에 도착한 것이다. "아니, 계단을 저렇게 올라오는 사람은 처음 봤어!" 제인과 마이클도 이따금 계단 난간을 타고 아래층으로 내려가긴 했다. 하지만 계단 난간을 타고 올라오다니, 세상에!

–『메리 포핀스』

전체 페이지 수 400쪽대

1. 빨간 머리 앤

꿈 많은 여학생이라면 누구나 좋아할 이야기 # 좋아하면 앤의 후속 작품 소개
앤의 상상력 좇아가기 # 긍정 소녀 # 독서 노트: A~C, E타입

저자	루시모드 몽고메리	출판사	시공주니어	추천	중·고학년	쪽수	460쪽

<저자 및 책 소개>

루시모드 몽고메리는 1874년 이 작품의 배경이 되는 캐나다 프린스 에드워드섬 클리프턴에서 태어났습니다. 몽고메리는 어렸을 때부터 문학적 재능이 뛰어났으며 떠오르는 생각을 메모하는 것을 좋아했습니다. 『빨간 머리 앤』도 어렸을 때 쓴 메모에서 아이디어를 얻어 원고를 쓰게 되었습니다. 이 책은 순식간에 독자를 사로잡았으며 그 인기에 힘입어 앤의 교사 생활을 담은 『에이번리의 앤』과 대학 시절을 담은 『레드멘드의 앤』 등 많은 후속편이 나왔습니다.

<활용 팁>

『빨간 머리 앤』을 읽고 그녀를 사랑하지 않을 수 있는 사람이 몇 명이나 될까요? 그녀 특유의 밝고 긍정적인 성격과, 아름다운 풍경 묘사, 무한대의 상상력, 하고자 하는 일에 대한 목표 의식과 끊임없는 노력 등은 독자에게 많은 감동을 줍니다. 이 모든 것들은 그녀의 사랑스러운 수다 속에 오롯이 담겨 있습니다. 그녀의 인생을 바라보는 것만으로도 가슴이 따뜻해지는 책이기에 아이들이 읽으면 더없이 좋은 책입니다. 마음에 와닿는 문장을 찾기에도 좋습니다. 추천한 시공주니어 출판사의 책은 초판 삽화와 함께 볼 수 있습니다. 추억의 애니메이션 삽화와 함께 책을 읽고 싶다면 더모던 출판사의 책을 추천합니다.

<영화>

- 빨간머리 앤: 네버엔딩 스토리 (2014, 88분, 애니메이션, 전체관람가)
- 빨간머리 앤 시즌 1(2017, 총 7회 드라마, 1회 89분 2~7회 44분, 12세 관람가)

<따라 쓰고 싶은 문장>

"진심으로 누군가를 기쁘게 해줄 마음으로 뭔가를 한다는 건 정말 멋진 일이에요. 마릴라 아주머니."

"난 최선을 다했고 '경쟁의 기쁨'을 이해할 수 있게 되었어. 노력해서 이기는 것 못지않게 노력해서 실패하는 것도 좋은 거야."-『빨간 머리 앤』

2. 로빈슨 크루소

\# 모험, 여행 좋아하는 아이에게 추천 \# 노예문화, 인종차별에 대해 생각할 거리 제시
\# 독서 노트: A~E타입, D타입 질문: 만약 나라면?, 로빈슨 크루소 독서 노트(p142) 참고

저자	다니엘 디포	출판사	시공주니어	추천	고학년	쪽수	464쪽

<저자 및 책 소개>

대니얼 디포는 1660년 영국 런던 상인의 아들로 태어났으며 저널리스트와 정치가로 활동하였습니다. 그는 1719년 59세에 『로빈슨 크루소』를 발표하였습니다. 이 책은 영국 식민지 개척이라는 사회적 배경 아래 그 당시에도 큰 인기를 끌었을 뿐만 아니라 출간된 지 300년이 지난 지금에도 흥미진진한 이야기로 꾸준히 사랑받는 책입니다. 이 책은 로빈슨 크루소라는 사람이 28년 동안 무인도에서 홀로 생활하며 일어난 일을 기록

한 내용입니다.

<활용 팁>

『로빈슨 크루소』는 '내가 만약 무인도에 간다면?'이라는 주제로 아이들과 다양하게 수업에 활용할 수 있습니다. 식인종이나 백인 우월주의에 대한 개인적인 생각을 써 보거나, 그가 지나갔던 뱃길인 브라질, 아메리카, 카리브해와 같은 지역을 지도상에서 확인해 볼 수도 있습니다. 또한 제한된 재료를 가지고 로빈슨 크루소가 만들었던 생필품 등을 미술 시간에 재현해서 만들어 볼 수 있고, 그의 모습이 묘사된 글을 읽고 상상해서 그림을 그려 보는 활동도 좋습니다.

<영화>

- 로빈슨 크루소(1997, 105분, 12세 관람가)

<따라 쓰고 싶은 문장>

나는 우산을 만드는 데 많은 시간과 노력을 들였다. 우산은 정말 꼭 필요했기 때문에 반드시 만들고 싶었다. (…) 나는 이 일에 정말 많은 노력을 기울였고, 꽤 오랜 시간이 걸려서야 겨우 들고 다닐 만한 우산 비슷한 것을 만들었다. 아니, 솔직히 말하면 이렇게 만들면 되겠구나, 하는 생각이 든 뒤에도 두세 개를 망치고 나서야 마음에 드는 우산 하나를 겨우 만들 수 있었다. 어쨌든 결국 그럭저럭 움직이는 우산을 하나 만들었다. 가장 어려운 문제는 우산을 접는 것이었다. 우산을 펼 수만 있고 접지 못하면 머리 위에 계속 치켜들고 다닐 수밖에 없는데 그럴 수는 없는 노릇이었다. -『로빈슨 크루소』

3. 80일간의 세계일주

여행 좋아하고 세계 일주에 관심 있는 아이에게 추천 # 세계 지리와 연계
프로젝트 학습 # 독서 노트: A〜E타입, D타입 질문: 나의 세계일주 계획해 보기

저자	쥘 베른	출판사	시공주니어	추천	중·고학년	쪽수	406쪽

<저자 및 책>

쥘 베른은『해저 2만 리』,『15소년 표류기』와 같은 유명한 작품을 남긴 프랑스의 모험소설가입니다. 그는 여러 가지 과학적 사실과 각 나라의 풍습을 상세히 조사한 다음 작품을 썼습니다. 특히 1872년《르 탕》지에 연재되었던『80일간의 세계일주』는 주인공이 세계일주를 무사히 완주할 수 있을지 독자들이 실제로 내기할 정도로 폭발적인 인기를 끌었습니다. 이 작품은 베른의 소설 중 가장 많은 판매 부수를 기록하고 있으며, 150년이 지난 지금까지도 여전히 사랑받고 있습니다.

<활용 팁>

이 책을 읽은 후, 시대적 배경을 현재로 옮겨와 보면 어떨까요? 독후 활동으로 아이들이 현대판 필리어스 포그가 되어 '내일 오전 9:00에 00초등학교에서 출발해서 세계일주를 시작한다면 총 며칠이 걸릴까?'를 생각해 봅니다. 여행 경비는 충분하다는 가정 아래 가장 빠른 교통편과 걸리는 시간, 환승 및 대기 시간, 경로 등을 조사하는 모둠별 프로젝트를 꾸려봐도 재미있겠습니다. 세계 주요 나라의 위치, 교통편 등을 자연스럽게 학습할 수 있고, 다른 모둠의 발표도 귀 기울여 비교해 볼 수 있어 역동적인 독후 활동이 됩니다.

<영화>

- 80일간의 세계일주(2004, 120분, 전체관람가)

<따라 쓰고 싶은 문장>

이렇게 필리어스 포그는 내기에서 이겼다. 세계일주를 80일 만에 마친 것이다! 그 여행을 위해서 그는 여객선, 철도, 마차, 요트, 상선, 썰매, 코끼리까지 별별 교통수단을 모두 이용했다. 이 괴짜 신사는 문제가 생길 때마다 침착함과 정확성이라는 멋진 품성을 아낌없이 보여 주었다. 하지만 결과는 어땠을까? 이 여행에서 그가 얻은 것은 무엇일까?

-『80일간의 세계일주』

4. 작은 아씨들

소녀 이야기 좋아하는 학생에게 추천 # 1부를 좋아한다면 2부도 소개
가족 간의 사랑, 우애 # 네 자매 이야기 # 비교적 최근 영화 상영
독서 노트: A~C, E타입: 다른 소설과 비교(p144), 영화와 비교(p145) 참고

저자	루이자 메이 올컷	출판사	시공주니어	추천	전학년	쪽수	415쪽

<저자 및 책 소개>

루이자 메이 올컷은 미국 펜실베이니아에서 1832년에 태어났으며 진보적인 교육자 아버지 아래에서 문학적 재능을 키웠습니다. 그녀의 대표작인『작은 아씨들』은 1868년 5월경부터 시작하여 대략 두 달 만에 완성한 작품입니다. 아름다운 큰언니 메그, 책을 좋아하는 발랄한 조, 조용하고 음악을 사랑하는 베스, 그림을 잘 그리는 막내 에이미, 이렇게 네 자매가

그려가는 이야기입니다. 특히 둘째 딸 조는 작가의 모습을 많이 닮았다고 하며 미국 정치인 힐러리 클린턴도 조가 인생의 롤모델이었다고 합니다. 이 책은 출간되자마자 큰 사랑을 받았고, 150년이 지난 지금에도 전 세계 50여 개국 독자들에게 사랑받고 있습니다.

<활용 팁>

이 책은 첫 장을 넘기기 시작해 마지막 장을 덮을 때까지 훈훈한 미소를 지으며 읽을 수 있습니다. 특히 자애로운 어머니가 사랑하는 딸들에게 해주는 다정다감한 이야기와, 네 재매가 티격태격하면서도 서로를 아끼는 모습을 통해 사랑, 이해, 갈등, 화해와 같은 보편적인 진리를 마음에 담을 수 있습니다. 주옥같은 대화가 많아 밑줄 치고 생각해 볼 만한 부분이 많습니다. 자매들의 이야기를 다루고 있다는 점에서 이 작품을 『오만과 편견』과 비교해 보는 활동도 의미 있습니다. 엠마 왓슨이 첫째 딸 메그로 나오는 〈작은아씨들〉 영화는 다른 작품에 비해 비교적 최근에 상영되었습니다. 시간이 난다면 책과 영화를 비교해 보세요.

<영화>

– 작은 아씨들(2020, 135분, 전체관람가)

<따라 쓰고 싶은 문장>

참된 재능이나 선한 마음은 언젠가는 드러나기 마련이지. 설령 드러나지 않아도 그것을 올바르게 쓰고 있다면 스스로 만족을 느낄 거야. 모든 능력 중 으뜸 되는 것은 겸손이란다. -『작은 아씨들』

국내
아동문학상 수상작

한국안데르센상

한국안데르센상은 아동문학, 그림책 일러스트레이션과 창작 동화, 동시 등 어린이 문화·예술 콘텐츠의 근간이 되는 분야에서 매년 새로운 작품을 공모하여 우수작을 선정 및 시상하고 있습니다.

1. 우리 동네에 혹등고래가 산다

친구, 부모와의 관계 # 가족애 # 성장동화 # 독서 노트: A〜C타입

저자 및 출판사	이혜령 잇츠북	수상 연도	2018	추천	중·고학년	쪽수	139쪽

<책 안내>

마을에 큰 혹등고래가 떠가는 표지 그림부터 아이들의 호기심을 자극합니다. 예쁜 삽화와 함께 아빠를 기다리는 긍정적인 성격의 도근이와 그런 도근이를 바라보는 찬영이의 심리 변화에 공감이 갑니다. 또한 가슴 찡한 가족애를 느낄 수 있습니다. 벽화가 많이 그려진 마을이 배경인데, 이러한 장소에 다녀온 경험이 있는지 이야기를 나누어 보며 그곳에 사는 도근이와 찬영이를 상상해 봅니다.

2. 열세 살의 콘서트

아이돌 좋아하는 아이에게 추천 # 이혼 가정 # 새로운 가족 받아들임
독서 노트: A∼C타입

저자 및 출판사	전은희 책읽는곰	수상 연도	2017	추천	중·고학년	쪽수	176쪽

<책 안내>

이 책은 6학년 아이들이 콘서트장에서 아이돌 스타 '혜성 오빠'를 직접 만나면서 겪는 좌충우돌 에피소드로 '열애설', '실검 1위', '사생팬' 등 아이들이 관심을 가질 만한 소재들이 가득 들어 있습니다. 재미있는 이야기뿐만 아니라 주인공 소녀 지민이가 아이돌 오빠의 사랑을 통해 이혼한 엄마의 사랑을 이해하는 과정을 자연스럽게 연결한 성장동화입니다. 특히 연예인을 좋아하는 여학생에게 추천해 주면 좋은 책입니다.

3. 브로커의 시간

공포, 추리 좋아하는 아이에게 추천 # 상상력 자극 # 기억 수집 이야기
독서 노트: A∼C타입

저자 및 출판사	서연아 바람의 아이들	수상 연도	2016	추천	중·고학년	쪽수	140쪽

<책 안내>

표지에 누군가의 잘린 손가락을 든 주인공 남자와 맨홀에 보이는 검은 두 눈이 호기심을 자극합니다. 표지를 살펴보며 무슨 내용이 펼쳐질지 예측해 보세요. 이 책은 지하세계에 사람들의 기억을 파는 브로커 아저씨와 주홍이, 노홍이 형제가 겪는 이야기로 기억을 유리병에 담아서 모을 수 있다는 발상이 기발합니다. 긴장감 있는 전개로 재미있게 읽을 수 있습니다.

4. 고려 보고의 비밀

역사, 추리 좋아하는 아이에게 추천 # 고려 시대와 연계 # 고려의 보물
독서 노트: A~C타입

저자 및 출판사	김일환 책내음	수상 연도	2012	추천	고학년	쪽수	200쪽

<책 안내>

주인공 찬우와 친구들이 고려의 보물이 숨겨진 곳을 찾기 위해 '고려 보고'라는 책 속에 담긴 비밀을 풀어나가며 겪는 모험을 담은 추리소설입니다. 추리소설의 특성답게 내용이 긴박하고 흥미진진합니다. 또한 고려 시대에 일어났던 대표적인 역사적 사건이나 지명을 풍부하게 다루고 있어 교과와 연계하여 읽으면 학습 효과가 있습니다.

방정환 문학상

방정환 문학상은 소파 방정환 선생님의 문학정신을 올바르게 계승하기 위하여 문학사적 가치와 문학성이 뛰어난 아동문학 작품에 방정환 문학상을 수여하고 있습니다. 1991년 제정된 상으로 동시, 동화 부문으로 구분하여 시상하고 있습니다.

1. 그림 아이

상상력 자극
독서 노트: A~D타입, D타입 질문: 내가 그림 속으로 들어간다면? 그림 속 사람이 밖으로 나올 수 있다면? 늙는다는 것은 뭘까?

저자 및 출판사	조경숙 청어람주니어	수상 연도	2019	추천	저·중학년	쪽수	140쪽

<책 안내>

혼자 사는 실수투성이 할머니와 그림 속에서 툭 튀어나온 늙지 않는 소년에 관한 이야기입니다. 소년은 "늙는다는 게 뭐야?"라고 할머니에게 질문합니다. '늙는다는 것은 무엇일까?', '만약 나라면 늙지 않고 그림 속에서 사는 것과 늙어가며 평범하게 사는 것 중 무엇을 선택할까?' 혹은 '평생 늙지 않고 살 수 있다면?' 등의 질문에 대한 답을 찾으며 독서 노트를 작성할 수 있습니다.

2. 강물 속에 집을 지은 할아버지

직업에 대한 자부심 # 가족애 # 뱃사공 이야기 # 없어진 직업 # 1960~1970년대 한국
독서 노트: A~C타입

저자 및 출판사	이동렬 아동문학평론	수상 연도	2018	추천	중·고학년	쪽수	166쪽

<책 안내>

동강 나루터에서 강을 건네주던 뱃사공의 이야기입니다. 유유자적한 강의 풍경과 더불어 뱃사공 일에 대한 그들의 자부심과 책임감을 느낄 수 있습니다. 또한 한국전쟁, 새마을 운동과 같은 시대 상황과 더불어 그들의 고된 삶도 엿볼 수 있습니다.

3. 하룻밤

조부모에 대한 사랑 # 가족애 # 나의 소원 세 가지 # 독서 노트: A~C타입

저자 및 출판사	이금이 사계절	수상 연도	2017	추천	저·중학년	쪽수	94쪽

<책 안내>

엄마가 없는 밤, 아빠는 아늑하게 거실에 텐트를 치고 두 아이에게 어린 시절의 이야기를 들려줍니다. 아빠가 할아버지와 낚시하며 용궁을 구경했던 추억을 생생하고 재미있게 그리고 있습니다. 유쾌한 이야기 속에서도 조부모에 대한 사랑과 그리움이 애잔하게 떠오릅니다. 내가 아빠라면 용궁에서 어떤 세 가지 소원을 말할 것인지 생각해 봅니다.

4. 물길을 만드는 아이

한강의 발원지 # 판타지 # 지역의 유래 # 사회와 연계 # 독서 노트: A∼C타입

저자 및 출판사	홍종의 키다리	수상 연도	2016	추천	중학년	쪽수	136쪽

<책 안내>

한강의 발원지인 검룡소 설화에 판타지적 요소를 가미하여 쓰인 동화입니다. 작가는 검룡소의 검자가 '검을 검黔'자가 아니라 '검소할 검儉'자라는 사실에 착안해 뭔가 어리숙하고 부족해 보이는 '무탈'이와 용이 아닌 '이무기'를 등장시킵니다. 결국 그들이 한강의 큰 물줄기를 만들어 냅니다. 사회 시간, 지리적 요소를 배울 때 함께 읽으면 도움이 됩니다.

박홍근 문학상

박홍근 아동문학상은 박홍근 선생님이 아동문학의 발전을 위해 1990년 제정한 상입니다. 시상은 지난해 9월 1일부터 그해 8월 31일 사이에 국내에서 발간된 모든 아동문학 작품(동시, 동화, 동극, 아동문학평론) 중에 가장 뛰어난 한 작품을 선정하여 박홍근 선생님의 생신일인 11월 11일에 시상합니다.

1. 홍다미는 싸움닭

입양 # 진정한 우정 # 상처 보듬기 # 성장동화 # 독서 노트: A∼C타입

저자 및 출판사	송재찬 / 봄봄	수상 연도	2017	추천	고학년	쪽수	232쪽

자신이 입양되었다는 사실에 충격을 받고 싸움닭이 된 다미와 자신이
입양아인 사실을 숨기지 않는 밝은 친구 한나와의 우정을 담은 이야기입
니다. 다소 어두울 것 같은 소재이지만 그렇지 않습니다. 두 소녀가 서로
의 슬픔을 이해하고 나누는 과정에서 꽃피우는 마음의 성장, 그리고 희망
은 가슴 뭉클하게 감동을 줍니다. 아픔을 보듬어 주는 아름답고 바람직한
친구 관계와 '입양'에 대해 이야기 나누어 볼 수 있습니다.

2. 아빠는 방랑 요리사

\# 여덟 개의 단편 \# 다양한 가정의 모습 \# 독서 노트: 단편별 정리, A〜C타입

저자 및 출판사	백승자 청개구리	수상 연도	2015	추천	중·고학년	쪽수	142쪽

<책 안내>

이 책은 작가가 쓴 여덟 개의 단편 동화를 엮은 책입니다. 단편인 만큼
읽기에 무리가 없습니다. 대체로 '가족'에 대한 이야기를 다루고 있습니
다. 입양, 다문화, 조손가정 등 다양한 가정의 형태를 살펴보고 이혼, 재혼,
부모의 부재 등 아이가 겪는 어려움과 감정을 함께 느끼고 이야기를 나눌
수 있는 동화집입니다.

마해송 문학상

마해송 문학상은 우리나라 최초 창작 동화로 일컬어지는 『바위나리와

아기별』을 쓴 마해송 선생님의 업적을 기리고 국내 아동문학의 발전을 지원하기 위해 2004년부터 문학과지성사가 제정한 아동문학상입니다. 미발표 창작물인 장편 동화 및 단편 중에서 뛰어난 작품 1편을 선정하여 시상하고 있습니다.

1. 퍼플캣

애완동물 좋아하는 아이에게 추천 # 죽음 이후의 세계 # 귀여운 고양이 묘사
독서 노트: A~C타입

저자 및 출판사	송은혜 문학과지성사	수상 연도	2019	추천	고학년	쪽수	132쪽

<책 안내>

보라색 바탕에 귀여운 고양이가 그려진 표지그림이 눈에 쏙 들어옵니다. 횡단보도를 건너다 차에 치여 죽게 된 길고양이 레옹이 저승으로 가기 전까지 하루 동안의 모험을 그린 이야기입니다. 죽은 고양이를 주인공으로 설정한 발상부터 독특합니다. 길고양이가 죽은 뒤 체험하는 저승세계를 툭툭 내뱉는 듯한 경쾌한 진술로 재미있게 다루고 있습니다. 죽음이란 무엇일까, 죽음 이후의 세계는 어떨까, 반려동물을 유기하는 것에 대해 어떻게 생각하는가 같은 질문을 아이와 함께 나누어 볼 수 있습니다.

2. 마술 딱지

새로운 가족을 받아들이는 과정 # 새아빠 # 판타지 # 독서 노트: A~C타입

저자 및 출판사	주미경 문학과지성사	수상 연도	2019	추천	저·중학년	쪽수	86쪽

<책 안내>

엄마와 단둘이 살던 아이가 새아빠를 만나면서 겪게 되는 마음의 변화와 갈등을 담고 있습니다. 시종 따뜻하고 유쾌하게 아이들 눈높이에 맞게 써 내려가고 있습니다. 최근 수상작답게 삽화에 나오는 딱지도 옛날 종이로 만든 딱지가 아니라 요즘 아이들이 쓰는 캐릭터 딱지입니다. 엄마를 혼자 독차지하고 싶은 마음과 새아빠를 진짜 가족으로 받아들이는 과정을 마술 딱지를 통해 유쾌하게 표현하였습니다. 가족의 형태가 다양해지는 요즘, 여러 모습의 가족을 열린 시선으로 바라보게 하는 책입니다.

3. 리얼 마래

SNS # 블로그 # 온라인과 현실과의 괴리감 # 독서 노트: A~C타입

저자 및 출판사	황지영 문학과지성사	수상 연도	2018	추천	중·고학년	쪽수	144쪽

<책 안내>

주인공인 마래의 부모가 블로그나 SNS에 마래의 사진을 공개적으로 올리고 일상을 공유합니다. 마래가 초등학교 고학년이 되면서 온라인상에서의 자기 모습과 실제 모습이 다름을 느끼게 됩니다. 이러한 문제를 부모와 어떻게 해결하는지 살펴보는 재미가 있습니다. 아이들이 좋아하고 공감할 만한 소재입니다.

4. 난생처음 히치하이킹

입양 # 우정 # 미지세계로의 탐험 # 성장동화 # 독서 노트: A～C타입

저자 및 출판사	김아영 문학과지성사	수상 연도	2017	추천	중·고학년	쪽수	164쪽

<책 안내>

한국에서 학교생활을 하다가 미국으로 건너온 준하와, 어릴 때 한국에서 미국으로 입양된 베니의 이야기입니다. 베니는 준하와 함께 어릴 때 헤어진 누나를 찾기 위해 샌프란시스코까지 대륙을 횡단하며 여러 가지 일들을 맞닥뜨립니다. 미국이라는 배경, 보호자 없이 미지의 곳을 탐험하는 과정은 아이들을 모험의 세계로 이끌기에 충분합니다.

소천아동문학상

소천아동문학상은 강소천 선생님의 높은 뜻과 아동문학에 남긴 공적을 길이 새기고 아동문학의 발전을 위해 1965년 그의 사망 2주기를 맞으며 제정된 아동문학상입니다. 매년 1회 그해에 가장 뛰어난 아동문학 작품을 해마다 선정하여 시상하며, 2006년부터는 신인상을 신설하여 함께 시상하고 있습니다.

1. 요코할바는 내 제자

가난한 아이들 # 다문화 가정 # 한글 모르는 할아버지 # 게임중독 덕이
서로 보듬는 사랑 # 독서 노트: A～C타입

저자 및 출판사	소중애 꿈터	수상 연도	2019	추천	고학년	쪽수	196쪽

<책 안내>

돌단풍 지역아동센터를 배경으로 다문화 가정, 그리고 가난한 아이들의 이야기를 담고 있습니다. 일본에서 온 센터장 요코할바, 투박해 보이지만 마음이 따뜻한 스팀주전자 선생님, 그리고 센터 아이들이 겪는 소소한 에피소드가 담겨 있습니다. 각기 다른 사연을 가진 등장인물이 많아 앞장에 나오는 등장인물 소개를 꼼꼼히 읽어보고 시작하는 것이 좋습니다. 책장을 넘길수록 잔잔한 감동과 여운이 밀려옵니다.

2. 아무도 모르는 김신상 분실 사건

물건을 쉽게 버리는 아이에게 추천 # 쇼핑중독 # 신상구매 중독 # 내 물건 소중히!
독서 노트: A∼C타입, 책만남 활동(p.00)

저자 및 출판사	지안 교학사	수상 연도	2016	추천	중학년	쪽수	152쪽

<책 안내>

'자신의 물건을 소중히 여기자'라고 100번 이야기하는 것보다 이 책을 한 번 읽게 하는 것이 훨씬 더 효과적이라는 생각이 듭니다. 이성 친구, 부모님, 선생님에 대해서도 유쾌하게 다루고 있어 재미있습니다. 값비싼 새 물건을 좋아하는 주인공이 손가락 인형만큼 작아져서 분실물들과 같은 입장을 경험하게 됩니다. 그로 인해 물건의 소중함도 깨닫고 겉치레가

아닌 자기 자신을 있는 그대로 사랑하는 방법은 무엇일지에 대해 생각해 볼 수 있는 내용입니다.

3. 그림 속에는 뚱보들이 산다

외모 콤플렉스를 가진 아이에게 추천 # 내가 나를 사랑한다는 것 # 나만의 매력 찾기
가장 소중한 건 나 # 독서 노트: A〜C타입

저자 및 출판사	조혜미 교학사	수상 연도	2015	추천	중학년	쪽수	136쪽

<책 안내>

맛있는 것을 실컷 먹고 싶은 뚱뚱한 소녀 희원이를 주인공으로 한 판타지 장편 동화입니다. '비만', '외모' 등은 아이들이 일상생활에서 가장 관심있는 주제이기도 하고 뚱뚱한 아이가 느끼는 감정 표현이 치밀하여 몰입이 잘 되는 책입니다. 꼭 비만이 아니더라도 각자 하나씩은 가지고 있는 자신의 외모 콤플렉스에 대해 생각해 보고 이를 극복하는 방법이나 자기만의 강점과 매력을 찾는 방법 등에 대해 독서 노트를 작성해 볼 수 있습니다.

4. 드래곤 덴티스트

모험, 공룡 좋아하는 아이에게 추천 # 공룡 치과의사 # 고난, 역경, 성장
외모 콤플렉스를 장점으로 극복 # 독서 노트: A〜C타입

저자 및 출판사	김재성 교학사	수상 연도	2014	추천	중학년	쪽수	140쪽

<책 안내>

머리에 뿔이 세 개가 달린 피터라는 아이가 용의 이빨을 치료하는 훌륭한 치과의사가 되기까지의 과정을 다루고 있는 판타지 동화입니다. 작가가 치과의사이니만큼 치과 진료 과정을 세밀하게 표현하였습니다. 용의 가스를 제거해 주는 장면이나 신경을 파먹는 벌레를 퇴치하는 장면 등 아이들의 상상력을 자극하는 소재가 많습니다.

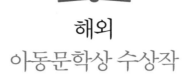

해외
아동문학상 수상작

※ 미국과 영국의 권위 있는 아동문학상인 미국도서관협회에서 주관하는 '뉴베리상'과 '칼데콧상', 그리고 영국도서관협회에서 주관하는 '카네기상'과 '케이트 그린어웨이상'을 중심으로 소개합니다.

뉴베리상 (Newbery Medal)

뉴베리상은 1922년부터 시작된 아동문학상으로 그림책 부문의 칼데콧상과 더불어 아동문학의 노벨상이라 불립니다. 뉴베리상은 뉴베리 메달위너Medal Winner와 뉴베리 아너Honor Books로 나뉘어 있습니다. 수상작은 메달위너(금색메달, 1권)이며, 수상 후보작은 아너(은색메달, 2~5권)라고 보면 됩니다. 유명한 『샬롯의 거미줄』도 1970년 뉴베리 아너상을 수상한 바 있습니다. 뉴베리 메달이나 칼데콧 메달의 경우 수상된 해에 대부분 우리나라에서 번역되어 나옵니다.

1. 뉴 키드

그림, 만화 좋아하는 아이에게 추천 # 인종차별, 왕따, 진정한 우정 # 낯선 학교생활
독서 노트: A~C타입

저자 및 출판사	제리 크래프트 보물창고	수상 연도	2020	추천	중·고학년	쪽수	249쪽

<책 안내>

이 작품은 그래픽 노블(만화와 소설의 중간 형식)로는 최초로 뉴베리 대상을 받은 작품입니다. 그림을 잘 그리는 조던은 예술학교에 가고 싶지만 어머니의 권유에 따라 명문 사립학교에 입학합니다. 새로운 학교에서 느끼는 긴장감, 유색인종에 대한 은근한 차별, 선생님의 불합리한 선입견, 친구 사이의 미묘한 권력 관계에 대해 다각도로 생각해 볼 수 있습니다. 힘들고 낯선 상황을 지혜롭게 헤쳐나가는 주인공의 모습이 돋보입니다.

2. 머시 수아레스, 기어를 바꾸다

사춘기 소녀의 감정 # 친구 및 이성 관계 # 시간의 흐름에 따른 주변의 변화
독서 노트: A~C타입

저자 및 출판사	메그 메디나 밝은미래	수상 연도	2019	추천	중·고학년	쪽수	430쪽

사춘기 소녀의 가족, 친구와의 관계를 아주 세밀하게 표현하였습니다. 현재의 행복한 시간이 흘러가 버리는 데 대한 아쉬움과, 앞으로 다가올 미래에 대한 기대감이 잘 어우러져 가슴을 뭉클하게 합니다. 제목이 주제와 연관되므로 표지와 제목을 보고 책이 어떤 내용일지 예측해 보고 읽으면 좋습니다.

3. 안녕, 우주

소심하고 부끄럼 많은 아이의 성장 # 우정 # 네 명의 캐릭터 # 독서 노트: A～C타입

저자 및 출판사	에린 엔트라다 켈리 밝은미래	수상 연도	2018	추천	중·고학년	쪽수	319쪽

<책 안내>

소심하고 조용한 버질과 영리하고 고집 센 청각장애인 발렌시아 소머싯, 앞날을 내다보는 점성술사 타나카, 심술꾸러기 쳇, 이렇게 네 친구가 만들어 가는 이야기입니다. 앞뒤 표지그림을 자세히 살펴보면 네 명의 주인공과 책 속에서 펼쳐질 중요한 사건을 짐작할 수 있습니다. 특히 조용한 버질의 내면이 성장하는 과정은 감동을 줍니다.

4. 달빛 마신 소녀

마법, 마녀 좋아하는 아이에게 추천 # 판타지 # 상상력 자극 # 독서 노트: A～C타입

저자 및 출판사	캘리 반힐 양철북	수상 연도	2017	추천	중·고학년	쪽수	398쪽

<책 안내>

달빛을 마시고 마법을 갖게 된 아기가 마녀로 성장하면서 겪는 판타지 소설입니다. 책 표지에 책 내용에 대한 힌트가 많아서 먼저 살펴보고 궁금증을 가진 다음 읽어 보면 좋습니다. 인물 간의 서사와 관계가 호기심을 일으키고 마녀들의 마법을 상상하며 읽다 보면 시간이 훌쩍 지나갑니다.

뉴베리 아너

1. 더 보이

\# 모험, 역사 좋아하는 아이에게 추천 \# 중세 시대 \# 천사, 날개, 천국, 지옥 \# 여행길
\# 순례자 \# 독서 노트: A~C타입

저자 및 출판사	캐서린 길버트 머독 다산기획	수상 연도	2019	추천	고학년	쪽수	398쪽

<책 안내>

'보이'라고 불리는 아이가 '서컨더스'라는 순례자를 만나 유물을 찾아 떠나는 이야기입니다. 이야기가 흥미진진해 쉽게 몰입해서 볼 수 있습니다. 따뜻한 마음을 지닌 '보이'의 생각을 따라가면서 무엇이 선인지, 악인지에 대해서 깊게 생각해 볼 수 있는 책입니다. 1350년대 페스트가 휩쓸고 지나간 중세 시대가 배경입니다. 이 책을 좋아한다면 같은 중세 시대를 배경으로한 『이야기 수집가와 비밀의 아이들』(2017 뉴베리 아너 수상작)을 추천합니다.

2. 자유 자유 자유

인종차별 # 노예제도 # 진정한 자유란? # 평등의 의미 # 독서 노트: A~C타입

저자 및 출판사	에슐리 브라이언 보물창고	수상 연도	2017	추천	전학년	쪽수	56쪽

<책 안내>

제목 그대로 '인종과 문화가 다르다고, 약자라고 해서 그들의 자유를 함부로 빼앗을 수 있는가?'에 대해 생각해 볼 수 있습니다. 『로빈슨 크루소』와도 연계가 됩니다. 17세기부터 19세기까지 미국에 무려 2천만 명에 달하는 아프리카인이 노예로 끌려갔는데 실제로 이 작품은 1828년 노예를 사고팔았던 사실을 알 수 있는 문서 한 장에서 영감을 얻었다고 합니다. 그들의 삶과 문화를 가슴으로 느낄 수 있습니다. '자유'와 '평등'에 관해 이야기 나누기에 좋습니다.

3. 롤러 걸

운동, 승부, 만화 좋아하는 아이에게 추천 # 롤러스케이트 # 진정한 친구란?
독서 노트: A~C타입

저자 및 출판사	빅토리아 제이미슨 비룡소	수상 연도	2016	추천	중·고학년	쪽수	240쪽

<책 안내>

일단 그래픽 노블입니다! 초등 고학년 소녀의 이야기지만 다소 남성적인 성향의 주인공과 롤러스케이트 경기에 관한 내용이라 모두 좋아합니다. 롤모델을 보고 주인공 소녀가 롤러스케이트를 뚝심 있게 연습해 나가는 모습이 멋집니다. 또한 친구 관계에서 서로 좋아하는 것을 인정해 주고 지켜봐 주는 모습을 통해 '바람직한 우정이란 무엇인가?'에 대해서도 생각해 볼 수 있습니다.

4. 엘 데포

귀여운 그림체 좋아하는 아이에게 추천 # 청각장애에 대한 이해
독서 노트: A∼C타입

저자 및 출판사	시시 벨 밝은미래	수상 연도	2015	추천	중·고학년	쪽수	248쪽

<책 안내>

이 책도 『롤러 걸』과 마찬가지로 귀여운 그림체가 돋보이는 그래픽 노블입니다. 네 살 때 청력을 다친 주인공 '시시'가 일반 학교를 다니면서 겪는 다양한 경험과 감정을 담고 있습니다. 작가의 자전적 경험이 녹아 있습니다. 친구를 사귀면서 겪는 시시의 생각과 행동이 공감을 일으키며 청각장애 아이가 다른 친구의 말을 어떻게 알아듣는지도 자연스럽게 이해하는 계기가 됩니다.

칼데콧상(Caldecott Medal)

칼데콧상은 1938년부터 한 해 동안 미국에서 가장 뛰어난 그림책을 만든 일러스트레이터에게 매년 수여하고 있습니다. 이 상은 뉴베리상과 마찬가지로 칼데콧 메달위너Medal Winner와 아너Honor Books로 나뉘어 수상하고 있습니다.

칼데콧상은 그림책이기 때문에 뉴베리상보다 읽기가 쉽고 편안하게 다가갈 수 있습니다. 저학년 아이들에게 활용하기 좋습니다. 이 책은 그림책으로 글밥은 적어도 생각할 거리가 많아 성인이 읽어도 큰 감동을 줍니다. 중·고학년이라도 주제에 맞게 활용하기 좋습니다. 한글 번역본도 좋고, 원서로 된 단행본도 쉽게 구할 수 있습니다.

칼데콧 메달

1. 안녕, 나의 등대

등대지기의 삶 # 실화 바탕 # 없어지는 직업('강물 속에 집을 지은 할아버지'와 연계)
독서 노트: A〜C타입

저자 및 출판사	소피 블랙올 비룡소	수상 연도	2019	추천	전학년	쪽수	48쪽

<책 안내>

지금은 과학 기술의 발달로 거의 사라진 등대지기의 삶을 다룬 책입니다. 뜨겁게 압착해서 만든 수채화 종이에 먹과 수채화 물감을 사용한 그림 기법은 바다와 어우러진 등대의 풍경을 한층 더 아름답게 묘사합니다. 이 책은 2019년 칼데콧 대상 수상뿐만 아니라《뉴욕타임스》,《퍼블리셔스 위클리》,《보스턴 글러브》등의 주요 언론에서 2018 최고의 그림책으로 선정되었습니다. 책을 읽기 전에 등대의 역할은 무엇인지, 등대지기의 하루 일과는 어땠을지, 넓은 망망대해에 혼자 지내는 느낌은 어떠할지에 대해 미리 추측해 보고 책을 읽으면 더 흥미 있게 읽을 수 있습니다.

2. 세상에서 가장 용감한 소녀

글이 없는 그림책 # 용기와 친절한 마음 # 한 소녀와 어린 늑대
말풍선 넣어 보기 활동 # 독서 노트: A~C타입

저자 및 출판사	메튜 코델 비룡소	수상 연도	2018	추천	저·중학년	쪽수	56쪽

<책 안내>

이 책은 2018 칼데콧 대상과 2017 보스턴 글로브 혼 북 명예상을 받았습니다. 눈 내리는 날 한 소녀가 무리에서 뒤처져 길을 잃은 새끼 늑대를 꼭 안고 길을 나서며 겪는 모험을 담았습니다. 의성어, 의태어 외에는 글이 없는 책이기 때문에 그림에 더욱 집중할 수 있습니다. 글이 없음에도 불구하고 소녀의 용기와 친절한 마음, 그리고 두려움, 외로움, 긴장감, 안도감과 같은 소녀의 감정 변화까지 그대로 느낄 수 있습니다. 페이지별로 소녀는 어떤 기분일지 이야기를 나누거나 말풍선을 넣어 대사를 만들어 볼 수도 있습니다.

3. 빛나는 아이: 천재적인 젊은 예술가 장 미셸 바스키아

장 미셸 바스키아(실존 인물) # 미술, 콜라주 연계 # 작품감상
독서 노트: A~D타입, D타입 제시 활동: 독서 노트 한 장에 콜라주로 표현하기

저자 및 출판사	자바카 스텝토 위즈덤하우스	수상 연도	2017	추천	전학년	쪽수	48쪽

<책 안내>

이 책은 2017년 칼데콧 대상과 2017년 코레타 스콧 킹 일러스트레이터 대상 수상작입니다. 작가는 주운 목재 조각, 그리고 쓰레기통이나 길거리에서 주운 여러 가지 재료를 가지고 그림을 그렸습니다. 미술 감상 시간이나 콜라주 스타일의 그림을 그리기 전에 참고하면 좋습니다. 이 책의 모티브가 된 장 미셸 바스키아를 조사해 보거나 이 책에서 말하고자 하는 바를 자신만의 콜라주 스타일로 그려 독서 노트 뒷장에 붙여도 좋겠습니다. 미술 시간과 연계한 독서로 활용할 수도 있습니다.

4. 위니를 찾아서

귀여운 그림, 곰돌이 좋아하는 아이에게 추천 # 〈곰돌이 푸〉의 실제 곰 모델 # 실화
독서 노트: A∼C타입

저자 및 출판사	린지 매틱 창비	수상 연도	2016	추천	전학년	쪽수	68쪽

<책 안내>

이 책은 디즈니 〈곰돌이 푸〉의 실제 모델인 곰과 수의사 해리에 관한 이야기입니다. 이 책의 작가 린지 매틱은 책에 나오는 수의사 해리의 증손녀입니다. 한 세대에서 그다음 세대로 전해져 오는 이야기를, 엄마가 아이에게 잔잔하게 들려주는 모습은 참으로 따뜻하고 감동적입니다. 실화를 바탕으로 한 만큼 시대 배경인 1차 세계대전과 수의사 해리 콜번, 동화작가 앨런 밀른, 작가 린지 매틱 등에 대해 아이들과 함께 자료를 찾아보고 이야기를 나눌 수 있습니다.

칼데콧 아너

1. 나의 이야기 알마

\# 내 이름 의미 알기 \# 내 마음에 드는 이름 짓기 \# 나와 닮은 대상 찾기
\# 가족 특징 알기 \# 독서 노트: A~D타입

저자 및 출판사	후아나 마르티네즈 닐 다산기획	수상 연도	2019	추천	전학년	쪽수	32쪽

<책 안내>

주인공 알마는 긴 이름을 가졌습니다. 아버지는 알마에게 긴 이름의 의미를 하나하나 알려 줍니다. 아이들 이름에는 모두 좋은 뜻이 담겨 있습니다. 각자 자기 이름의 뜻은 무엇인지 알아보고 자신의 성격이나 특성을 잘 드러내는 인물이나 사물의 이름을 본떠 새로운 이름을 만들어 봅니다. 또한 가족들의 이름은 어떤 뜻을 지녔는지 함께 조사해 볼 수 있습니다.

2. 그랜드 캐니언

\# 역사, 화석, 지리 좋아하는 아이에게 추천 \# 과학 지층 연계 \# 독서 노트: A~C타입

저자 및 출판사	제이슨 친 봄의 정원	수상 연도	2018	추천	중·고학년	쪽수	56쪽

<책 안내>

이 책은 제목 그대로 그랜드 캐니언의 역사, 기후, 지형, 사는 동물 등에 대해 알려 줍니다. 소개하는 곳들은 대부분 작가가 실제로 가본 곳이며 전문가에게 자문을 받아 쓴 책이기 때문에 과학 교과서나 도감을 보는 것과 같이 그림과 설명이 자세합니다. 지층의 변화, 퇴적암, 화석과 관련된 내용을 다루는 과학 시간과 연계하여 활용하면 좋습니다. 독서 노트에는 이 책을 읽고 알게 된 내용, 관심이 생긴 부분, 더 조사해 보고 싶은 내용을 정리하면 좋습니다.

3. 콩고 광장의 자유

\# 실화 바탕 \# 재즈의 유래 \# 자유의 의미 \# 『자유 자유 자유』와 연계(p244) 참고
\# 독서 노트: A~C타입

저자 및 출판사	캐럴 보스턴 위더포드 밝은미래	수상 연도	2017	추천	중·고학년	쪽수	40쪽

<책 안내>

이 책은 실화를 바탕으로, 칼데콧상뿐만 아니라《뉴욕타임스》, 뉴욕 공립 도서관,《스쿨라이브러리 저널》등 각계의 주목을 받은 책입니다. 미국 루이지애나주 뉴올리언스에 있는 콩고 광장에서 노예들이 일요일 반나절 동안 누리는 자유를 그리고 있습니다. 고된 노동에 시달렸던 노예들의 삶에 대해 생각해 볼 수 있으며, 자유가 얼마나 소중한지 감사한 마음을 느낄 수 있습니다.

4. 훌라훌라 추추추

글자 없는 그림책(「세상에서 가장 용감한 소녀」와 연계(p247)) # 곤충의 언어 상상하기
독서 노트: A~D타입, D타입 제시 활동: 곤충들의 대화 상상해서 말풍선 그리기

저자 및 출판사	카슨 엘리스 웅진주니어	수상 연도	2016	추천	저 · 중학년	쪽수	48쪽

<책 안내>

이 책은 곤충들의 시각으로 식물의 성장 과정과 계절의 변화를 바라보는 책입니다. 독특한 점은 '호야 호?', '앙 초록둘 쓰르르', '앙 쩨르르' 등과 같은 곤충들의 언어가 많이 나온다는 것입니다. 이는 작가의 상상으로 만들어진 언어입니다. 독자는 책을 읽으며 그림 속 상황을 고려해 곤충의 언어가 무슨 뜻일지 상상하며 해석하게 됩니다. 책에 나오는 곤충 언어의 뜻이 무엇인지 각자 생각해 본 후 친구들과 비교해 보기도 하고 새로운 언어를 만들어 독서 노트에 기록해 볼 수 있습니다.

카네기상(Carnegie Medal)

스코틀랜드 출신으로 영미권에 2,800여 개의 도서관을 지으며 도서관 보급에 크게 공헌한 앤드루 카네기를 기리기 위해 1936년에 제정된 상입니다. 영국에서 한 해 동안 출판된 어린이 책 가운데 가장 뛰어난 책의 작가에게 수여됩니다. 영국의 아동문학상 중 가장 오래되고 권위 있는 상으로 꼽힙니다.

1. 원One

평범하지만 특별한 소녀의 일기장 # 샴쌍둥이 # 자유시 형태 # 평범함의 의미
독서 노트: A~C타입

저자 및 출판사	사라 크로산 북폴리오	수상 연도	2016	추천	고학년	쪽수	480쪽

<책 안내>

상체는 둘, 하체는 하나인 결합 쌍둥이 자매, 그레이스와 티피에 관한 이야기입니다. 두 자매 중 한 명인 그레이스의 시점으로 글이 전개되고 자유시 형태여서 쉽게 읽을 수 있습니다. 이 책은 마치 평범하지만, 평범하지만은 않은 16세 소녀의 일기장을 보는 듯합니다. 그녀의 성장만큼이나 독자도 성장할 수 있는 책입니다.

2. 몬스터 콜스

추리, 공포 좋아하는 아이에게 추천 # 시한부 엄마에 대한 이중적 감정
마음을 들여다보는 몬스터 # 괴물과 소년 # 영화 개봉작 # 독서 노트: A~C, E타입

저자 및 출판사	패트릭 네스 웅진주니어	수상 연도	2012	추천	고학년	쪽수	271쪽

<책 안내>

이 책은 누구나 살면서 겪는 일이지만 곰곰이 뜯어보지 않으면 눈치채기 어려운 모순적이고 이면적인 감정을 다루고 있습니다. 소년이 자신의 마음을 들여다보는 몬스터를 만나면서 이야기가 시작됩니다. 2012년 케이트 그린어웨이상과 카네기상을 동시에 수상한 작품이며 이 작품을 원작으로 한 영화가 2017년에 개봉되었습니다(〈몬스터콜〉, 108분, 12세 관람가).

3. 그레이브야드 북

공포 좋아하는 아이에게 추천 # 그림을 좋아하는 아이라면 그래픽 노블로 추천
무덤, 공동묘지, 악당 # 소년의 성장기 # 독서 노트: A~C타입

저자 및 출판사	닐 게이먼 f(에프)	수상 연도	2010	추천	고학년	쪽수	369쪽

<책 안내>

이 책은 유령의 보호를 받는 '노바디'라는 아이를 주인공으로 한 판타지 동화입니다. 공동묘지, 마녀, 악귀 등 으스스한 소재와 긴장의 끈을 놓칠 수 없는 전개로 아이들이 재미있게 읽을 수 있습니다. 미국 뉴베리상과 영국 카네기상을 동시에 수상한 작품입니다.

4. 하늘에서 돈이 내린다면

상상력 자극 # 제한된 시간에 많은 돈을 써라 # 파운드화와 유로화
물가 상승 # 수호성인
독서 노트: A~D타입, D타입 제시 활동: 일확천금이 생긴다면 어디에 쓰고 싶나요?

저자 및 출판사	프랭크 코트렐 보이스 미래M&B	수상 연도	2004	추천	고학년	쪽수	269쪽

<책 안내>

이 책은 제목만 가지고도 아이들과 이야기를 나눌 수 있을 정도로 이야기 소재가 흥미롭습니다. 우연히 큰 돈을 주운 형제가 제한된 시간 내에 돈을 쓰기 위해 고군분투하는 내용입니다. 유머러스한 부분도 많고 우리나라 문화에서는 다소 생소한 수호성인에 대해서도 접할 수 있습니다. 이 책을 원작으로 한 영화가 2005년에 개봉되었습니다(〈밀리언즈〉, 94분, 전체 관람가).

케이트 그린어웨이상(Kate Greenaway Medal)

영국의 그림책 작가인 케이트 그린어웨이를 기리기 위해 1955년에 제정한 상입니다. 해마다 전년도에 영국에서 발행된 그림책 가운데 가장 뛰어난 작품을 그린 일러스트레이터에게 수여됩니다.

1. 바닷가 탄광 마을

탄광촌의 어린이 # 독서 노트: A~C타입, D타입 제시 활동: 나의 생활과 비교해 보기

저자 및 출판사	조앤 슈워츠 국민서관	수상 연도	2018	추천	전학년	쪽수	52쪽

<책 안내>

이 책은 탄광촌 마을에 사는 소년의 시점으로 글이 이어집니다. 햇살에 반짝이는 바다의 아름다운 풍경과 아버지가 일하는 어두운 바다 밑이 대조를 이룹니다. 마지막에 "언젠가 내 차례가 올 거예요. 나는 광부의 아들이니까요."라는 소년의 말이 가슴에 애잔하게 오래도록 남습니다. 1800년대 후반에서 1900년대에 자신과 비슷한 또래의 아이들이 탄광촌에서 생활하는 모습을 보고 느낀 바를 이야기해 볼 수 있습니다.

2. 잠자는 미녀와 마법의 물렛가락

공주, 세밀하고 예쁜 그림체 좋아하는 아이에게 추천 # 백설공주+잠자는 숲속의 공주
독서 노트: A~C타입, E타입: 기존 공주 vs. 『잠자는 미녀와 마법의 물렛가락』의 공주

저자 및 출판사	닐 게이먼 주니어 김영사	수상 연도	2016	추천	중·고학년	쪽수	106쪽

<책 안내>

이 책은 『백설 공주』와 『잠자는 숲속의 공주』 두 전래동화 속 인물을 끌어내 아주 색다른 이야기를 들려줍니다. 좀비처럼 움직이며 걷는 잠자는 사람, 용감한 백설 공주, 그녀를 따르는 난쟁이, 잠자는 공주의 정체 그리고 일러스트레이터 크리스 리들의 섬세한 그림체는 읽는 이의 마음을 빼앗습니다. 기존에 알고 있던 내용을 토대로 새로운 이야기를 창작하거나 패러디 수업을 할 때 함께 읽으면 좋습니다.

3. 20세기 최고의 탐험가 어니스트 섀클턴

모험, 탐험, 여행 좋아하는 아이에게 추천 # 감동 실화 # 남극 탐험 # 탐험가들의 생활
독서 노트: A~C타입

저자 및 출판사	윌리엄 그릴 찰리북	수상 연도	2015	추천	중·고학년	쪽수	71쪽

<책 안내>

남극을 탐험한 어니스트 섀클턴과 대원들의 실제 이야기입니다. 그들은 무려 634일간 탐험을 하면서 얼음에 갇히기도 하고 추위와 배고픔을 견뎌야 했지만 27명 선원 전원이 무사히 집으로 돌아올 수 있었습니다. 사진작가 프랭크 헐리가 찍은 탐험 사진과 위험한 상황 속에서도 꾸준히 쓴 대원들의 일기를 토대로 쓰였습니다. 탐험 준비부터 탐험 중에 일어났던 여러 가지 사건들을 그림과 함께 자세히 실었습니다. 모험을 좋아하는 아이에게 적극 추천하는 책입니다.

4. 이건 내 모자가 아니야

상상력 자극 # 짧은 에피소드 # 존 클라센 모자 시리즈 연계
독서 노트: A~D타입, D타입 제시 활동: 뒷 내용 상상하기

저자 및 출판사	존 클라센 시공주니어	수상 연도	2014	추천	저학년	쪽수	32쪽

<책 안내>

이 책은 케이트 그린어웨이상뿐 아니라 2013년 칼데콧 메달 수상작이기도 합니다. 작은 물고기와 큰 물고기의 박진감 넘치는 모자 쟁탈전을 그리고 있습니다. 읽다가 잠깐씩 멈추어 뒤에 나올 내용을 상상하기에 좋습니다. '물풀 속에서 무슨 일이 일어났을까?', '작은 물고기는 어떻게 되었을까?', '작은 물고기의 행동은 옳은 것일까?', '게의 행동에 대해 어떻게 생각하는가?' 등 다양한 이야기를 나눌 수 있습니다. 아이가 좋아한다면 『내 모자 어디 갔을까?』, 『모자를 보았어』 등 존 클라센의 다른 모자 시리즈도 함께 읽어 봅니다.

※ 추천 도서 한눈에 정리

〈동양고전〉
1. 논어　2. 소학　3. 명심보감　4. 채근담

〈서양고전〉
1. 탈무드　2. 소크라테스의 변명　3. 명상록　4. 이솝우화

〈한국고전〉
1. 목민심서　2. 열하일기　3. 격몽요결　4. 난중일기

〈인물단편〉
1. 셰익스피어　2. 톨스토이　3. 황순원　4. 박완서

〈세계명작〉

100쪽	1. 어린왕자　2. 갈매기의 꿈　3. 크리스마스 캐럴
200쪽	1. 피터팬　2. 꿀벌 마야의 모험　3. 키다리 아저씨　4. 내 이름은 삐삐롱 스타킹
300쪽	1. 톰 소여의 모험　2. 마틸다　3. 메리 포핀스
400쪽	1. 빨간머리 앤　2. 로빈슨 크루소　3. 80일간의 세계일주　4. 작은 아씨들

〈국내수상작〉

안데르센상	1. 우리 동네에 혹등고래가 산다.　2. 열세 살의 콘서트 3. 브로커의 시간　4. 고려 보고의 비밀
방정환문학상	1. 그림 아이　2. 강물 속에 집을 지은 할아버지 3. 하룻밤　4. 물길을 만드는 아이
박홍근 문학상	1. 홍다미는 싸움닭　2. 아빠는 방랑 요리사
마해송문학상	1. 퍼플캣　2. 마술 딱지　3. 리얼 마래　4. 난생처음 히치하이킹
소천문학상	1. 요코할바는 내 제자　2. 아무도 모르는 김신상 분실사건 3. 그림 속에는 똥보들이 산다.　4. 드래곤 덴티스트

〈해외수상작〉

뉴베리 메달	1. 뉴 키드　2. 머시수아레스 기어를 바꾸다 3. 안녕 우주　4. 달빛 마신 소녀
뉴베리 아너	1. 더 보이　2. 자유 자유 자유　3. 롤러걸　4. 엘데포
칼데콧 메달	1. 안녕, 나의 등대　2. 세상에서 가장 용감한 소녀 3. 빛나는 아이 : 천재적인 젊은 예술가 장미셸 바스키아　4. 위니를 찾아서
칼데콧 아너	1. 나의 이야기 알마　2. 그랜드 캐니언 3. 콩고 광장의 자유　4. 훌라훌라 추추추
카네기상	1. one, 우리가 하나였을 때　2. 몬스터 콜스 3. 그레이브야드 북　4. 하늘에서 돈이 내린다면
케이트그린어웨이상	1. 바닷가 탄광마을　2. 잠자는 미녀와 마법의 물렛가락 3. 남극 탐험을 향한 멈추지 않는 도전　4. 이건 내 모자가 아니야

에필로그

나를 성장시키는
독서 노트

"엄마, 책이 좋아 내가 좋아?"

딸아이가 자못 걱정스러운 얼굴로 물어봅니다. 혹시 서운한 마음이 들었나 싶어, 읽던 책을 내려놓고는 "당연히 우리 딸이 훨씬 좋지!"라고 말했더니 그제야 아이의 얼굴에 안도의 미소가 떠오릅니다. 아이와 놀면서도 독서 노트에 대한 주제로 머릿속이 온통 가득 차 있었음을 아이도 느꼈나 봅니다.

한동안 책 읽기에 푹 빠져 살았습니다. 책을 읽다 보면 책마다 꼭 한 가지 이상은 나를 바꾸게 하는 무언가가 들어 있습니다. 책에서 말하는 핵심 주제를 실천하려고 할 때마다 몸에서 새로운 생기가 느껴졌습니다. 이러한 생기가 가시기 전에 어딘가에 남겨 놓아야 할 것 같은 생각이 들었습니다.

『메모 습관의 힘』에서 신정철 작가는 메모하는 이유에 대해 이렇게 말합니다.

> 오랫동안 맴돌던 생각을 구체화해 표현하고 나면 내가 더 자유로워
> 지는 느낌이 든다. 표현되지 못한 생각들이 나를 더 이상 괴롭히지 않
> 기 때문이다.

저도 그랬나 봅니다. 책을 읽다 보니 어느 순간 좋은 것들을 머릿속에 담고만 있기가 힘들어졌습니다. 머릿속도 뒤죽박죽이고 그대로 놔두면 좋은 생각들이 다 날아갈 것만 같았습니다. 종이를 가져다가 머릿속에 맴도는 생각들을 모조리 썼습니다. 두서없는 내용이었지만 아마 쓰지 않았다면 지금쯤 어디론가 다 사라졌을 내용입니다. 쓴 것을 눈으로 보고 손에 쥐고서야 비로소 마음이 안정되었습니다.

이렇게 읽고 기록하고 생각한 것들이 모여 '독서 노트'라는 하나의 주제가 만들어졌고, 여기까지 달려왔습니다. 책을 쓰는 과정을 통해 한 주제에 오랫동안 몰입하는 소중한 경험을 했습니다. 다 쓰고 보니 마음이 후련하기도 하고 조금 더 많이 읽고 공부를 해야 했었나 하는 아쉬움도

남습니다.

독서 노트는 아이들뿐만 아니라 저에게도 소중한 성장의 계기가 되었습니다. 독서 노트를 활용하는 과정에서 그 유익함을 몸소 느끼다 보니 독서 노트를 쓰지 않을 수 없었습니다. 바쁠 땐 적게 쓰더라도 언제든 마음이 동하면 독서 노트에 꼭 써서 남겨두어야겠다는 생각이 듭니다. 아이들도 마찬가지라 생각합니다. 독서 노트를 쓰고 활용하다 보면 자연스럽게 독서 노트가 아이들의 생활에 머무를 것입니다.

Education is not filling of a pail, but the lighting of a fire.
교육은 양동이를 채우는 것이 아니라 불을 지피는 것이다.

1923년 노벨 문학상 수상자 윌리엄 버틀러 예이츠가 한 말입니다. 10년 전 저는, 우연히 이 문구를 읽는 순간 바로 마음을 빼앗겼습니다. 이후로 이 글은 저의 교육목표가 되었습니다.

제가 생각하기에 이 책은 독서 노트의 효용성을 수년간의 데이터를 통해 증명하는 책이라기보다는, 유익한 독서 교육을 위해 생각에 생각을 거듭한 한 교사의 아이디어 모음집에 가깝습니다. 이 책이 고유하고 개성적인 독자의 생각과 만나 독서 교육에 다채롭게 활용되었으면 좋겠습니다. 이 책이 누군가 독서 노트를 쓰게 하는 작은 불씨가 되기를 소망합니다.

책이 나오기까지 진심으로 격려해 준 남편과 귀염둥이 예원이 주원이, 너무나 예쁜 조카 주연이, 예진이, 인서, 윤서, 늘 사랑으로 좋은 말씀을 많이 해 주시는 시부모님과 가족 모두에게 감사를 전합니다. 그리고 어린 시절부터 다정하고 끊임없는 대화로 딸의 마음에 긍정의 씨앗을 심어 주신 아버지와 무엇이든 열정적으로 파고드는 모습으로 모범을 보여 주신 어머니께 감사합니다.

보다 좋은 원고로 거듭날 수 있도록 도와준 친구들과 동료 선생님, 그리고 초기 거친 원고를 좋게 봐주시고 끝까지 지지해주신 김영선 대표님과 이교숙 편집장님께도 감사드립니다.

무엇보다도 저의 글을 여기까지 읽어 주신 모든 독자분께 진심으로 감사를 전합니다.

자꾸 쓰고 싶어지는
독서 노트 양식

독서 노트 표지

소속: ○○ 초등학교

(   )반(   )번 이름:

〈독서 달력 양식〉

◆ 독서 달력 (　　)월 ◆

번호 :　　　　　이름:

♥ 읽고 싶은 책:
　– 관심사:
　– 진로:
　– 추천도서:
♥ 책 읽을 수 있는 시간:

♥ 독서 노트 쓸 책:

〈예시〉
♥ 읽고 싶은 책:
　– 관심사: 꼬르륵 식당, 유튜브 쫌 하는 10대, 샬롯의 거미줄
　– 진로: 두근두근 N잡 대모험
　– 추천도서: 채근담, 갈매기의 꿈
♥ 책 읽을 수 있는 시간:
　– 월~수: 8시~8시30분, 목~금: 7시~7시30분
　– 주말: 오전9시~
♥ 독서 노트 쓸 책: 갈매기의 꿈

주		월	화	수	목	금	주말(1회)
1주 (예)	성취	O	O	X	O	O	O
	책 제목	갈매기의 꿈	갈매기의 꿈	–	갈매기의 꿈	꼬르륵 식당	꼬르륵 식당 두근두근 N잡
	메모	30분 더 읽음!	–	너무 바빴음ㅜ	–	–	주말에 2시간! 날 칭찬해♥
1주	성취						
	책 제목						
	메모						
2주	성취						
	책 제목						
	메모						
3주	성취						
	책 제목						
	메모						
4주	성취						
	책 제목						
	메모						

<독서 리스트 양식>

◆ 독서 리스트 ◆

번호 :　　　　　이름:

번호	날짜	분류	제목	지은이—출판사	상태	쪽	추천
(예)	8/2	관심사 (문학)	빨간 머리 앤	루시모드 몽고메리/시공주니어	✡	400쪽	★★★
1							
2							
3							
4							
5							
6							
7							
8							
9							
10							
11							
12							
13							
14							
15							
16							
17							
18							
19							
20							

(※ 읽는 중: △, 다 읽음: ✡, 또 읽음: ✡, 또또 읽음: ●)

나만의 보물창고! 퐁퐁 아이디어 샘물!

◆ KEY PRINT ◆

번호 :   이름:

	활동 (– 느낌 – 책내용)
책만남	▶ 큰 포스트잇을 책 표지에 붙이고 아래 질문 중에서 골라 간단히 메모합니다. ▶ 포스트잇을 독서 노트에 옮겨 붙이거나 내용을 추가해서 다시 씁니다. ▶ 책 제목, 책 표지, 책날개 앞뒤, 목차를 훑어봅니다. 지은이는 **누구**인가? 이 책은 **언제** 쓰인 책인가? 이 책의 배경은 **어디**인가? **무엇**에 관한 내용인가? 지은이는 이 책을 **왜** 썼는가? 표지 느낌은 어떤가? 이미 알고 있거나 경험한 내용이 있는가? 이 책은 어떤 내용일까? 이 책을 읽는 이유는 무엇인가?
책보기	▶ 책을 읽으며 해당 페이지에 플래그를 붙이고, 생각을 간단히 메모합니다. ▶ 밑줄이나 플래그로 표시한 부분을 독서 노트에 기록합니다. ▶ 책 내용은 **검은색**, 내 생각은 <u>파란색</u>으로 씁니다. 해당 쪽수는 꼭 기록합니다! 핵심 문장, 마음에 와닿는 문장, 새롭게 알게 된 지식, 공감하는 문장 도저히 받아들일 수 없는 문장, 이해하기 어려운 단어나 개념 + 내 생각
책놀기	▶ 아래의 질문 중 마음에 드는 것을 선택하여 독서 노트에 기록합니다. ▶ 한 가지 질문을 선택하더라도 오래 생각하고 정성스럽게 쓰면 좋은 독서 노트가 됩니다. ▶ 새로운 질문을 만들어 사용하면 더 좋습니다. 〈내용 파악〉 　　　　　　　　　　　〈주제 찾기〉 책의 줄거리는? 알게 된 점은? 　　　책의 핵심 내용은 무엇인가? 등장인물은 누구인가? 어떤 관계인가? 지은이가 하고자 하는 말은 무엇인가? 좋거나 싫었던 등장인물과 그 이유는? 책을 한 문장으로 표현한다면? 등장인물이 다른 행동을 했다면? 　키워드는? ('#' 표시) 만약 나라면 어땠을까? 　　　　　　〈실천, 적용〉 가장 기억에 남는 장면은 무엇인가? 내 생활에 실천해 보고 싶은 내용은? 〈나와 관련〉 　　　　　　　　　　　구체적인 실천 계획은? 책의 내용과 비슷한 경험이 있는가? 〈확장, 평가〉 내 생각이 변한 부분이 있는가? 　관련지어 더 읽어 보고 싶은 책은? 본받고 싶은 점이 있는가? 　　　　더 조사해 보거나 알고 싶은 내용은? 책을 읽고 어떤 도움을 받았는가? 나는 이 책을 어떻게 생각하는가?
	▶ 독서 노트를 다시 읽어 보며 핵심 내용에는 빨간색으로 밑줄 칩니다. ▶ 강조하고 싶은 내용은 **별표**나 **형광펜** 등으로 표시합니다. ▶ 각 단계는 상황에 따라 섞일 수 있으며 필요에 따라 선택하여 씁니다. ▶ 다 쓴 독서 노트는 온라인 상에 올려 활용합니다. 〈추가 독서 활동〉 책 표지 그리기, 주인공 그리기, 마인드맵, 만화, 편지쓰기, 책 소개, 시 쓰기, 독서퀴즈, 뒷 내용 상상하기, 인상 깊은 장면 그리기, 연극 대본 쓰기, 인물 관계도 그리기 등

| 참고 문헌 |

〈초등학교 국어 교사용 지도서〉
단 한 권을 읽어도 제대로 남는 메모 독서법, 신정철, 위즈덤하우스, 2019
초서 독서법, 김병완, 청림출판, 2019
본깨적, 박상배, 위즈덤하우스, 2013
초등 출력 독서, 이정균, 글라이더, 2017
초등 독서 바이블, 김성현, 덴스토리, 2015
생각정리스킬, 복주환, 천그루숲, 2017
10권을 읽고 1000권의 효과를 얻는 책 읽기 기술, 이정훈, 비엠케이, 2017
생각정리 공부법, 김민영 · 정지연 · 권선영, 학교도서관저널, 2016
기적의 한 줄 쓰기, 오정남, 꿈결, 2018
다시, 초등 고전 읽기 혁명, 송재환, 글담출판, 2018
초등 인문독서의 기적, 임성미, 북하우스, 2016
독서교육 콘서트, 김진수, 행복한미래, 2017
다산의 독서전략, 권영식, 글라이더, 2016
안상헌의 생산적 책읽기, 안상헌, 북포스, 2019
생각 정리를 위한 노트의 기술, 이상혁, 생각정리연구소, 2017
책벌레와 메모광, 정민, 문학동네, 2015
초등 인성 고전 읽기의 힘, 이화자, 글담출판, 2016
생각을 넓혀주는 독서법, 모티머 J. 애들러, 찰스 밴 도렌, 멘토, 2012
공부머리를 완성하는 초등 독서법, 남미영, 21세기북스, 2019
48분 기적의 독서법, 김병완, 미다스북스, 2016
질문하는 독서법, 임재성, 평단, 2018
읽었으면 달라져야 진짜 독서, 서정현, 북포스, 2018
습관 홈트, 이범용, 스마트북스, 2017
바인더 독서법 & 글쓰기, 유성환, 한국평생교육원, 2016
독서로 완성하는 학생부, 서현경 · 엄신조, 한국경제신문, 2019
나는 한 번 읽은 책은 절대 잊어버리지 않는다, 카바사와 시온, 나라원, 2016

오직 독서뿐, 정민, 김영사, 2013

운명을 바꾸는 노트의 힘, 홍현수, 북포스, 2017

입시에 통하는 인문고전 읽기, 김지원, 라온북, 2016

리딩으로 리드하라, 이지성, 차이정원, 2016

한 권으로 읽는 세종대왕실록, 박영규, 웅진지식하우스, 2008

다산 선생 지식경영법, 정민, 김영사, 2006

초등 책 읽기의 힘, 박상철, 청림출판, 2013

아이디어와 생각 정리를 위한 다빈치 노트, 최지은, 한스미디어, 2016

진짜 공신들의 노트 정리법, 서상훈, 더디퍼런스, 2016

탁월함에 이르는 노트의 비밀, 이재영, 2008

책 읽는 뇌, 매리언 울프, 2009

책을 읽으면 왜 뇌가 좋아질까? 또 성격도 좋아질까?, 한상무, 푸른사상, 2017

완벽한 독서법, 김병완, 글라이더, 2018

약이 되는 칭찬 독이 되는 칭찬, 김범준, 현문미디어, 2013

〈어린이 도서〉

정민 선생님이 들려주는 고전 독서법, 정민, 보림, 2012

세종대왕 독서법, 조혜숙(글), 이승현(그림), 주니어랜덤, 2011

조앤 롤링, 김유리(글), 정수연(그림), 살림어린이, 2008

박지원 글쓰기법, 양혜원(글), 김창희(그림), 주니어랜덤, 2012

레오나르도 다빈치의 세상을 담은 비밀 노트, 로베르토 자코보, 웅진주니어, 2010

빌 게이츠, 진 M.레진스키, 도서출판 성우, 2006

아인슈타인, 박용기, 랜덤하우스코리아, 2006

〈논문〉

학습지에 대한 교사의 칭찬 댓글이 초등학생의 자기 효능감 및 학교생활 만족도에 미치는 효과,
학위논문(석사) 전남대학교 교육대학원, 교육학과 2012.8.

〈사이트〉

국립어린이청소년도서관 www.nlcy.go.kr

네이버 사전 dict.naver.com

위키백과, 우리 모두의 백과사전 ko.wikipedia.org

한국안데르센상 andersen.aicorea.org

마해송 문학상 http://moonji.com/

소천아동문학상 http://www.kangsochun.com/kor/socheon/socheon_info.php

칼데콧, 뉴베리상 http://ala.org/alsc/newbery.cfm

케이트그린어웨이, 카네기상 https://carnegiegreenaway.org.uk/,

나에게 있어 '쓴다'는 행위는
내 안의 감정이나 생각이라는 흩어져 있는 요소들을 하나로 엮는 법을 탐구하는 일이다.
— 클로드 시몽

공부하는 사람은 책을 읽을 때 생각이 없으면 안 된다.
생각해야만 얻을 수 있고 생각하지 않으면 얻지 못한다.
생각이 있다면 기록하지 않을 수가 없다.
- 조선 후기 학자 윤휴